코드로 시작하는 나의 첫 작곡

칠더월드의
코드진행
만들고
연주하기

안녕하세요 칠더월드입니다.

저는 피아노와 작곡을 배우는 내내 늘 커리큘럼과 연습법에 관한 고민이 많았던 학생이었습니다. 체계적이고 완성도 있는 훈련으로 저만의 기술을 연마하고 완성도를 높이고 싶었기 때문이죠. 그리고 무엇보다 제가 만들고 싶은 음악들을 구현하기 위해 그에 맞는 능력을 키우고 싶었습니다. 그래서 예전부터 '작곡을 위한 피아노가 무엇일까?'라는 고민을 오래 해왔습니다.

요즘은 시퀀서로 작곡을 대부분 하지만 막상 하다보면 악기 연습의 필요성에 대해서 느끼시는 분들도 많으실거라고 생각합니다. 그렇다고 '처음부터 연주를 너무 배우기엔 막막하고, 어떻게 하면 작곡에 적용할까?' 이런 생각을 하시는 분들을 위해 이 책을 만들었습니다.

책 한권만 보면 다 깨달을 수 있게 알려드리고 싶지만 내용이 방대하기 때문에 천천히 따라와주시면 감사하겠습니다. 한번에 다 이해 못하셔도 좋고 빠른 진도보다는 하나의 연습 과제라도 확실하게 여러분의 것으로 만들어보세요. 결국 피아노는 운동과 비슷하기 때문에 시간을 투자한 만큼 보상이 있을거라고 확신합니다. 그리고 한번 몸에 체득되면 새로운 정보를 넣는 것과 비슷하기 때문에 좋은 아이디어들이 여러분의 작곡에 자연스럽게 녹아들거에요.

그 중에서도 가장 중요한 기본기를 익히시면 언제 어떤 음악을 마주하더라도 두려움이 사라지실 거라고 확신합니다.

같이 천천히, 꾸준하게 달려볼까요?

칠더월드(Chill The World)

백석예술대학교 실용음악학부 작편곡과를 졸업했다.

Neo-Soul, Jazz, City Pop 기반의 화성과 감성적인 멜로디를 중심으로 활동하는 작곡가이자 프로듀서, 싱어송라이터로서 개인 프로젝트와 국내외 협업을 병행하고 있다.

넷플릭스 리얼리티 음악쇼 〈유명가수에겐 히트곡이 필요해〉의 히트곡 메이킹 프로젝트 '코드 쿤스트 X Gwyn Dorado-Purple Love (Barney)'에 작곡 및 키보드로 참여했다. JINBO the SuperFreak, Hoody 등과 협업을 이어왔으며, JINBO와 함께한 앨범은 2026 한국힙합어워즈 '올해의 R&B 앨범' 부문 후보에 올랐다. 일본 아티스트 Toshiki Soejima, YonYon 등과 협업하며, 한일 양국을 오가며 활동 영역을 확장하고 있다.

영상 음악 및 Post Production 작업으로는 BTS, 아이유, NCT, 이무진 등의 아티스트 프로젝트와 GUCCI, New Balance 등 글로벌 브랜드 영상 음악 작업에 참여했다.

발매한 개인 싱글로는 Have A Good Night, Nostalgia, Glue 등이 있으며, 감성적인 코드와 화성을 바탕으로 한 음악 세계를 지속적으로 선보이고 있다.

• CHILL THE WORLD(칠더월드) 유튜브

• 칠더월드의 작곡/편곡을 위한 보이싱, 코드진행 온라인 수업 Chillin' Chord

1. 하나의 음정, 그리고 그 음이 가진 색, 바로 음색.

이것은 그 악기만이 지닌 독특한 배음 구조 덕분에 생겨나는 작은 세상의 하모니입니다. 그 음들이 하나, 둘, 셋, 넷 함께 울리며 더 넓은 세상의 음색이 될 때, 우리는 그것을 화음이라 부르고, 코드라고도 합니다.

하얀 캔버스 위에 색을 먼저 입혀 그림을 완성할 수도 있고, 사물을 먼저 그린 뒤 색을 더할 수도 있으며, 분위기를 잡아주는 색에서 영감을 받아 디테일을 채워가기도 하지요. 음악도 마찬가지입니다.

무엇이 먼저가 되었든, 자신만의 이야기를 음악으로 표현하고자 하는 여러분께 이 책은 3화음부터 전위, 보이싱, 리듬 패턴, 그리고 작곡의 첫걸음까지 그 색을 입히는 법을 다정하고 세심하게 안내해줍니다.

오랜 시간 고민하고 연구하며 이 책을 완성한 칠더월드에게 진심 어린 응원을 보냅니다.

윤종신 '좋니' 작곡 등 유명 프로듀서 및 음악감독
싱어송라이터 작곡가 포스티노

2. 건반을 잘 치려면 기본기가 탄탄해야 하고, 원리를 이해해야 하며, 제대로 된 연습법이 있어야 합니다.

이 교재는 그 세 가지를 중심에 두고 구성되었습니다. "나도 칠더월드처럼 자유롭게 코드를 연주하고 싶다"면 이 교재를 통해 기본기와 원리를 차근히 다지고 실전 연습법까지 익혀보세요.

특히 R&B, Soul, Gospel 등 흑인음악 특유의 코드 감성을 좋아한다면, 그 코드를 깊이 탐구해온 칠더월드의 경험과 노력이 담긴 이 책이 든든한 출발점이 되어줄 것입니다.

j-hope: Chicken Noodle Soup, 빈지노-Aqua Man, BTS 곡 등 다수 참여
프로듀서 겸 아티스트 JINBO the SuperFreak(진보 더 수퍼프릭)

피아리노와 함께, 당신의 음악적 꿈을 펼치세요!

혹시, 피아노를 배우고 싶다는 간절한 마음은 늘 있었지만, 마땅히 도움받을 곳을 찾지 못해 답답하셨나요? 아니면 학업과 직장, 육아 등으로 인해 '피아노 한 곡 멋지게 연주하고 싶은 꿈'을 잠시 접어두셨을 수도 있습니다.

가요, POP, CCM 등 코드반주를 잘하고 싶으신 분들, 혹은 클래식, 재즈, K-POP 등 다양한 장르의 음악을 연주해 보고 싶으신 모든 분들을 위해 피아리노는 언제든 활짝 열려 있습니다!

칠더월드 선생님 뿐만 아니라 지민도로시, 오화평, 권박사, 수미자렛 등 각 장르의 실력 있는 선생님들의 알찬 강의를 들으실 수 있습니다.

피아리노는 시간과 공간의 제약 없이 편안하게 피아노를 배우고 싶은 분들을 위해 온라인으로 제공되는 1:1 맞춤형 피아노 레슨 서비스입니다.

• 어떻게 진행되나요?

- 주 1~2회, 10~15분 분량의 맞춤형 영상 레슨: 각 레슨에 맞춰 일주일 동안 충분히 연습하며 실력을 키울 수 있습니다.
- 체계적인 이론 과제 제공: 피아노를 처음 배우시는 분이나 오랜만에 다시 시작하시는 분들도 기초부터 탄탄하게 다질 수 있도록 도와드립니다.
- 꼼꼼한 피드백과 전문성: 각 장르별로 오랜 레슨 경력을 가진 전문 선생님들이 직접 꼼꼼하게 연습 내용을 체크하고 맞춤형 피드백을 제공해 드리기에, 여러분의 실력 성장을 확실하게 책임집니다!
- 다양한 악보 제공: 배우고 싶은 곡의 악보가 없으셔도 걱정하지 마세요! 피아리노에서 악보를 제공해 드립니다.

피아리노와 함께라면, 여러분의 음악적 꿈은 더 이상 꿈이 아닙니다. 지금 바로 피아리노의 문을 두드리고, 음악이 선사하는 아름다운 즐거움을 마음껏 느껴보세요!

레슨은 피아리노에서!

피아리노 홈페이지: www.piareno.com

코드로 연주하는 첫 피아노

어렸을 적 피아노 학원에 다녀보신 분들은 공감하실 거예요.
처음엔 일단 악보 보는 게 어렵고 시간이 지나고 돌아보니 배웠던 것들도 대부분 잊어버렸다는 사실을요.
피아노 연주곡이 아닌 피아노 코드를 잘 연주한다는 것은 어떤 의미일까요?
단순히 반주만 잘 하는 것도 아니고 그렇다고 화려한 연주를 꼭 해야하는 것도 아닙니다. 음악에 맞는 색깔의 옷을 적절히 잘 입혀주는 것입니다.

그러면 어떻게, 무엇부터 연습하면 좋을까요?

정말 뻔한 말이지만 기본기부터 시작하는게 가장 빠른 길입니다.
그 이유는 우리가 살면서 어떤 다양한 음악을 만나고 만들지 정확히 미리 알 수 없기 때문이죠. Key, 코드진행, 장르 등이 각자 다른 음악들을 연주하고, 연습하다 보면 한 곡을 멋지게 완곡하는 것도 좋지만 상황별 대처능력을 키우는 게 효율적이라는 것을 느끼게 되실 겁니다.
피아노는 음악을 하기 위한 도구일 뿐, 여러분의 목적에 따라 잘 다루시는 게 무엇보다 중요하기 때문에 그 과정을 제가 도와드리겠습니다.
이번 책에서는 아래와 같은 구조로 학습하게 되실 거예요.

> **3화음 → 전위 → 보이싱 → 분수코드 → 양손 연주 → 리듬 패턴 → 작곡 실습**

한꺼번에 다 하려 하기보다, 매일의 루틴 속에서 차근히 익혀 가시길 바랍니다.
특별히 이번 교재의 마스코트인 칠리가 도와줄 거예요.

이름 : 칠리 (Chilli)
나이 : 3세
특징 : 피아노를 잘 치고 싶어하는 강아지

(이 책에 수록 된 칠리 이모티콘의 모든 저작권은 작가 higgle에 있습니다.)

Grade 1

3화음 (Triad)

목표: 코드의 기초 3화음을 이해하고 손에 익히기

Chapter 01 코드의 구조

세 음으로 이루어진 기본적인 코드 형태를 익힙니다.

Chapter 02 음계(Scale)와 코드의 관계

스케일의 구성음이 코드로 어떻게 확장되는지 배우고 실습합니다.

Chapter 03 실전 곡으로 배우는 3화음 연주

IVE (아이브), Kpop Demon Hunters 등 다양한 K-POP 곡을 통해 3화음 반주를 양손으로 연주해봅니다.

01 코드의 구조

피아노 코드는 곡에서 어떤 역할을 할까요?

멜로디를 돋보이게 하고 곡의 분위기와 감정을 더해줍니다.

때로는 리듬 파트로서 곡에 생동감을 불어넣기도 하죠.

한마디로, **주연과 조연의 역할을 동시에 해낼 수 있는 존재**입니다.

코드 연습은 어디서부터 시작해야 할까요?

바로 음악의 가장 기본이자 중심이 되는 **3화음(Triad)** 입니다.

3화음은 모든 코드의 뼈대를 이루는 구조로 음악의 '기초 체력' 이라 할 수 있

습니다.

그 종류는 총 다섯 가지입니다.

3화음의 다섯 가지 형태

- Major
- minor
- sus4(suspended)
- aug(augmented)

- dim(diminished)

가장 먼저 해야하는 C Key 의 3화음 5가지를 알려드릴게요.

손가락 번호까지 똑같이 따라해보세요.

1. C Major

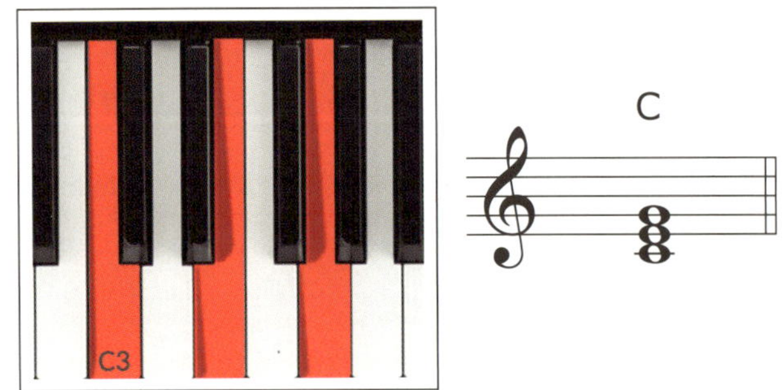

2. C minor

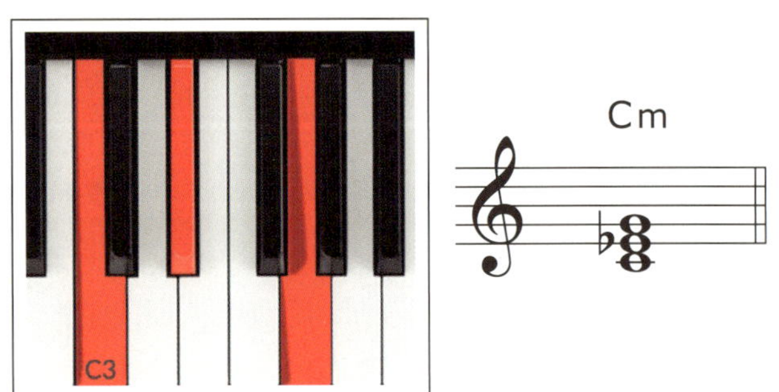

3. Csus4

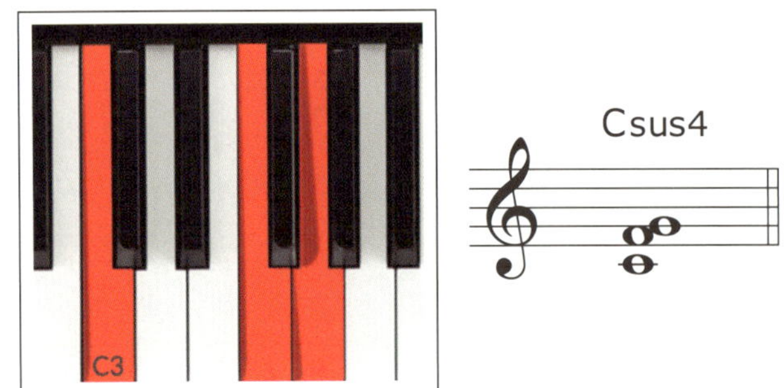

4. Caug

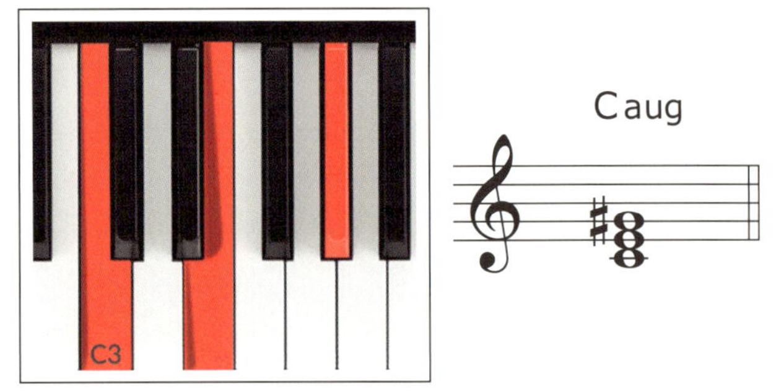

5. Cdim

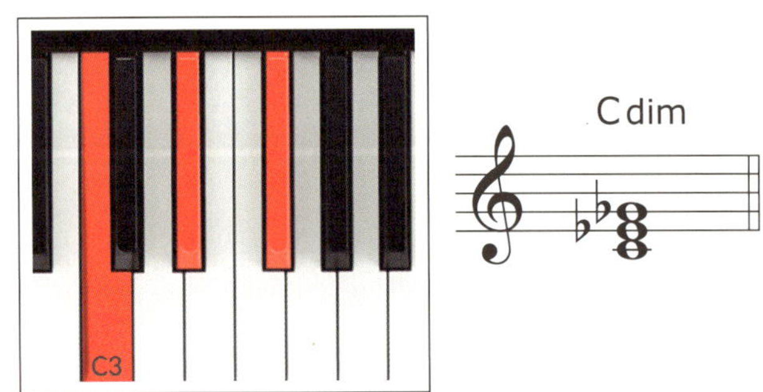

이 다섯 가지를 정확히 이해하고 손에 익히는 것이 앞으로의 **모든 코드 연습의 출발점**이 됩니다.

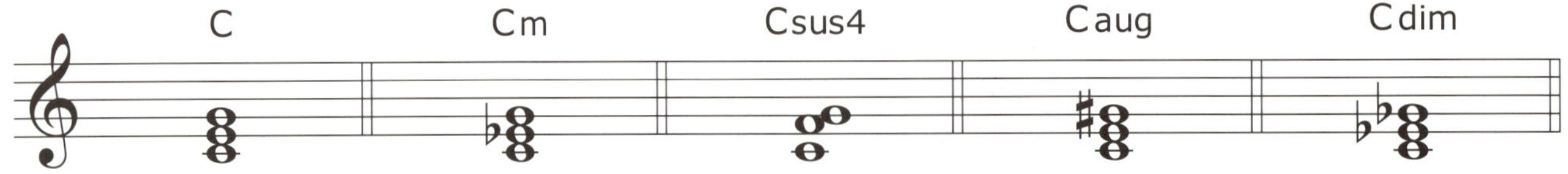

Cm = C−, Caug = C⁺, Cdim = C°으로 표기한다는 점도 꼭 알아두세요.

C Triad 문제풀이

연습 tip

1. 처음에는 Major, minor, sus4, aug, dim를 정해진 순서대로 연습하세요.
2. 그 다음에는 순서를 섞거나 거꾸로 배열해 연습하며 다섯 가지 중 어떤 코드가 나오더라도 머뭇거리지 않고 바로 연주할 수 있는 상태를 목표로 합니다.
3. 메트로놈과 함께 연습하면 더욱 효과가 좋습니다. 대충 아는 수준에 머무르기보다 반사적으로 정확하게 거의 무의식적으로 손이 움직일 수 있을 때까지 반복 연습하는 것이 가장 중요합니다.

예시 1

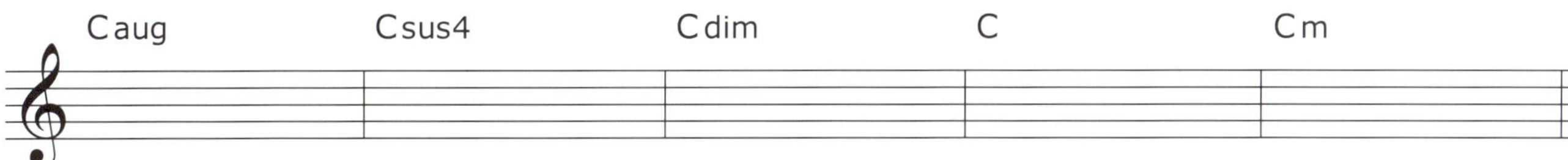

예시 2

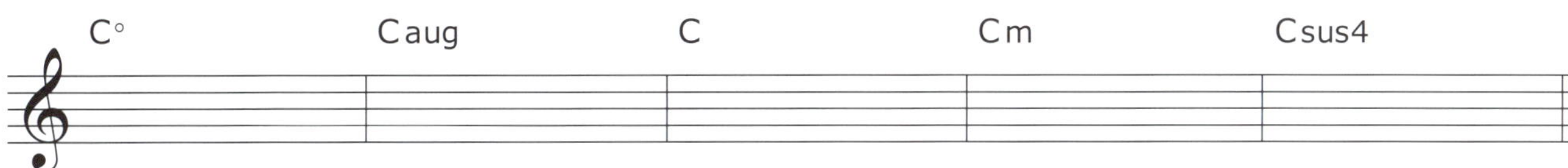

예시 3

예시 4

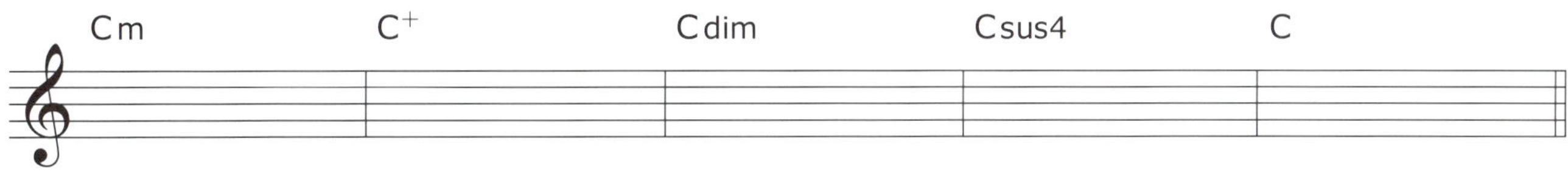

틀리기 쉬운 코드일수록 더 의식적으로 관리하며 연습하는 것이 중요해요.

꼭 체크하면서 연습해보세요.

Q : 12개의 Key에서 3화음을 다 외워야 하나요?

A : 외우기보다 '원리'를 이해하면 훨씬 쉽습니다.

설명 & 연주 영상

코드는 **음계(Scale)** 와 아주 밀접한 관계가 있어요.

예를 들어 C Major Scale(도–레–미–파–솔–라–시–도)에서 첫 번째(1), 세 번째(3), 다섯 번째
(5) 음을 고르면 → **도(C), 미(E), 솔(G)** 이 되죠.

이게 바로 **C Major 코드**예요. 간단하죠?

1   2   3   4   5   6   7   8

이번엔 같은 스케일에서 1, ♭3, 5를 고르면 → **도(C), 미♭(E♭), 솔(G)**로 구성된 C minor 코드가 됩니다.

♭(플랫)은 음을 반음, 즉 한 칸 낮추는 기호입니다. 예를 들어 B♭은 B보다 반음 낮은 소리를 의미합니다.

이 원리를 조금만 확장하면 이렇게 정리할 수 있어요.

종류	구성(음의 조합)
Major (메이저)	1, 3, 5
minor (마이너)	1, ♭3, 5
sus4 (서스포)	1, 4, 5
aug (어그먼트)	1, 3, ♯5
dim (디미니쉬)	1, ♭3, ♭5

언뜻 보기엔 복잡해 보여도 12개의 Key를 규칙 없이 손가락만으로 외우는 것보다 정확도 면에서 훨씬 효
율적이에요. 특히 나중에 7th 코드나 확장 코드로 넘어갈 때 이 원리를 알고 있으면 헷갈리지 않고 정확하
게 연주하실 수 있습니다.

Major Scale은 12 Key로 연습 하시기를 권장합니다.

(12 Key는 부록에 수록되어 있습니다. 각 스케일에는 손가락 번호가 함께 표기되어 있으므로, 이를 기준으로 먼저 충분히 연습한 뒤 코드 연습으로 넘어가시기를 권합니다)

정리하자면

Major Scale에서 음의 위치를 기준으로 코드를 만들어 보세요.

외우는 것이 아니라 원리로 이해하는 것이 핵심입니다.

이 원리는 앞으로 배우게 될 다른 Key에도 똑같이 적용됩니다.

다양한 곡을 연주하려면 결국 **12 Key의 3화음**을 알고 있는 것이 너무 중요하기 때문에 초반에 꼼꼼하게 연습해 두시는 걸 추천드려요.

처음부터 모든 Key를 외우려고 하기보다는 한 Key씩 관리하면서 완성도를 높여가는 방식으로 연습해보세요.

▶ **C Key에서 했던 것과 마찬가지로 G Major Scale 위에서도 3화음을 같이 맞춰볼까요?**

① G Major Scale 쓰기

먼저 G Major Scale을 천천히 연주해보세요.

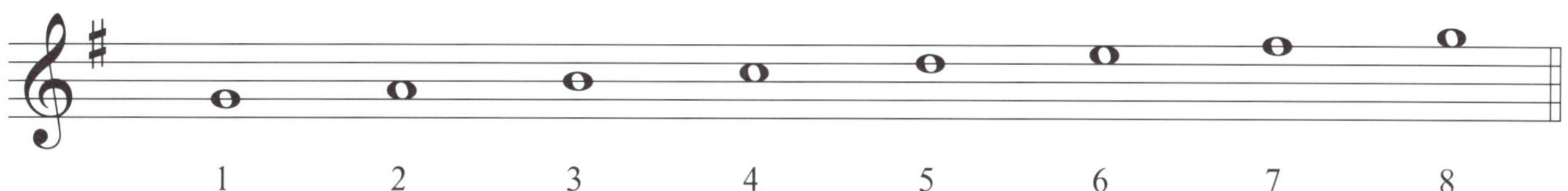

*이 방법이 꼭 정답은 아니므로 각자에게 더 잘 맞고, 더 편하게 외워지는 방식으로 연습해보셔도 좋아요.

② G Major 코드 맞추기

1, 3, 5 번 음을 고르면 **솔(G), 시(B), 레(D)** 가 됩니다. 쉽죠?

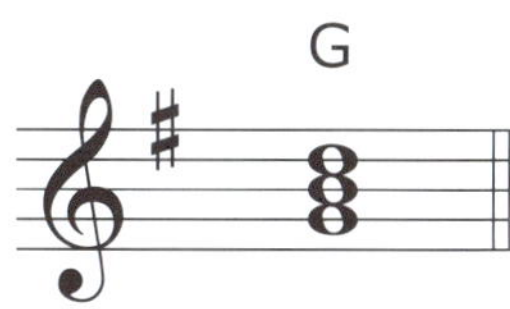

밝고 안정적인 느낌의 3화음이에요. 외우는 코드의 소리를 하나씩 꼭 들어보고 손으로도 느껴보세요.

이번에는 같은 원리로 **G minor 코드**를 만들어볼까요?

③ G minor 코드 맞추기

이번에는 G Major Scale 에서 1, ♭3,5 를 적용하면 되겠죠?

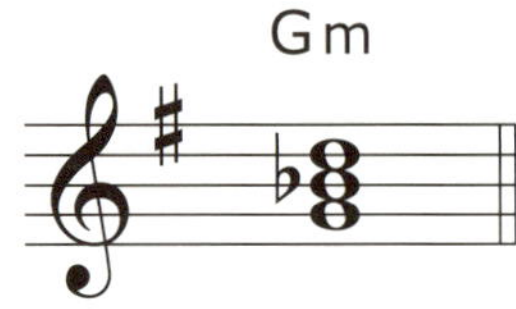

3번째 음을 반음 내리면, 부드럽고 서정적인 느낌의 **G minor 코드**가 됩니다.

같은 방식으로 Gsus4 (1,4,5), Gaug (1,3,♯5), Gdim (1,♭3,♭5) 코드도 써본 뒤 연주해볼까요?

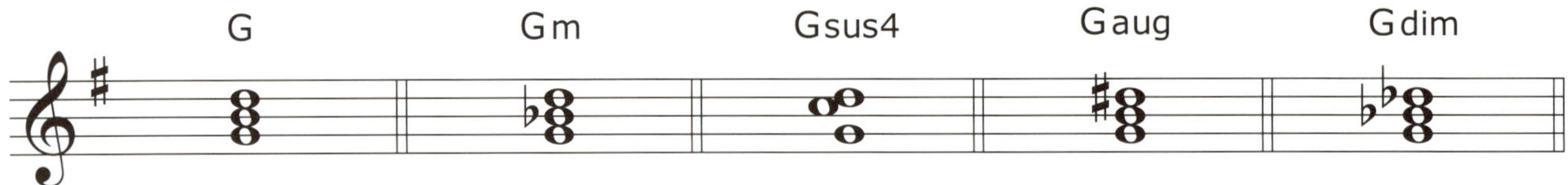

우리가 굳이 "C 코드는 도 – 미 – 솔이다"라고 하나하나 생각하지 않아도 자연스럽게 손이 그 자리를 찾는 것처럼, 처음에는 이렇게 숫자를 세며 익히는 과정이 필요합니다.

이 과정을 거치다 보면 나중에는 생각하지 않아도 바로 코드를 잡을 수 있게 돼요. 처음에만 시간을 조금 투자하시면 이후에는 훨씬 효율적으로 연주하실 수 있습니다.

▶ **이번에는 F Major Scale 위에서도 3화음을 맞춰볼까요?**

① F Major Scale 쓰기

F Major Scale을 천천히 위아래로 연주해볼까요?

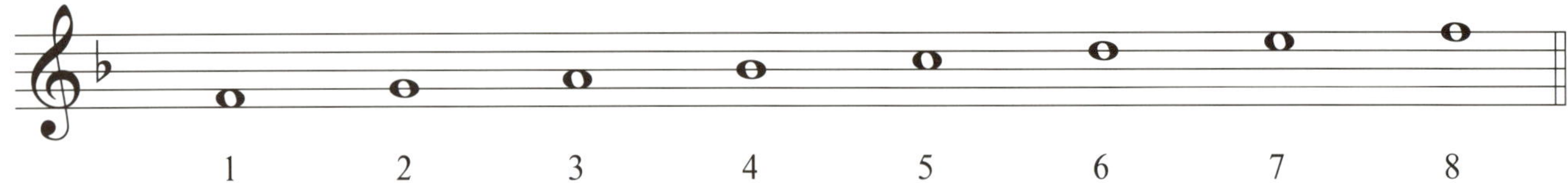

② F Major 코드 맞추기

F Major Scale 안에서 1, 3, 5번째 음을 골라 F Major 코드를 만들어볼까요?

이 세 음이 어떤 느낌으로 들리는지도 함께 느껴보세요.

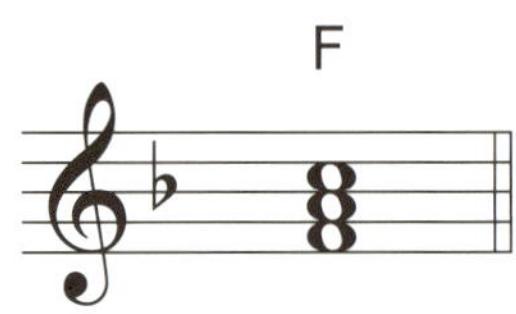

③ F minor 코드 맞추기

이번에는 같은 원리로 F minor 코드를 만들어볼까요?

F Major 코드에서 3번째 음을 반음 내린 뒤 코드의 분위기가 어떻게 달라지는지 비교해보세요.

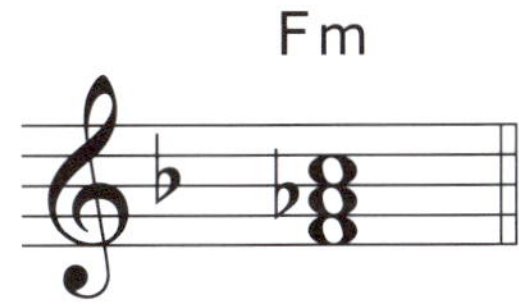

같은 방식으로 Fsus4 (1,4,5), Faug (1, 3, ♯5), Fdim (1, ♭3, ♭5) 코드도 써본 뒤 연주해볼까요?

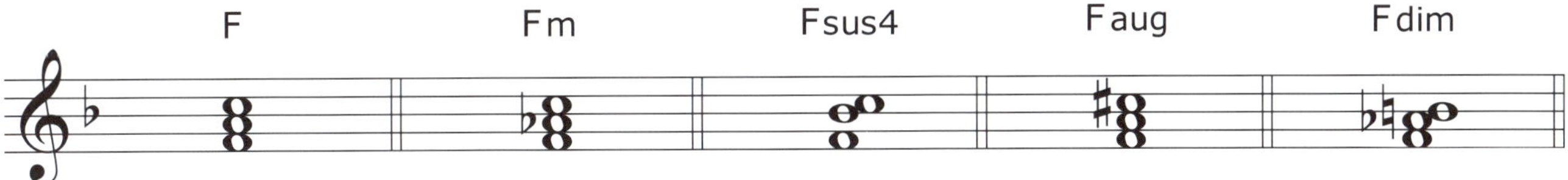

▶ **이번에는 B♭ Major Scale 위에서도 3화음을 맞춰볼까요?**

① B♭ Major Scale 쓰기

B♭ Major Scale을 천천히 위아래로 연주해볼까요?

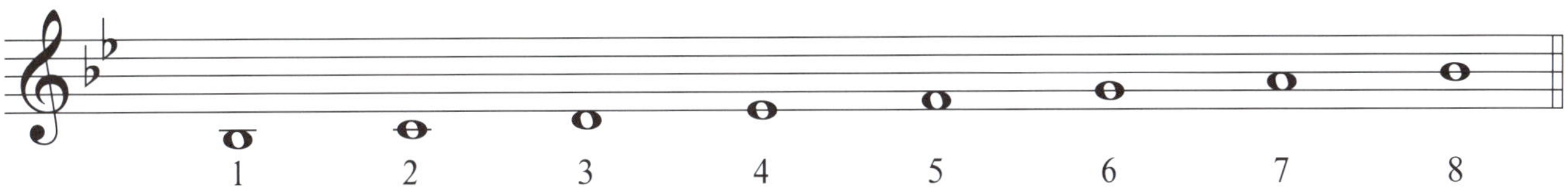

② B♭ Major 코드 맞추기

B♭ Major Scale 안에서 1, 3, 5번째 음을 골라 B♭ Major 코드를 만들어볼까요?

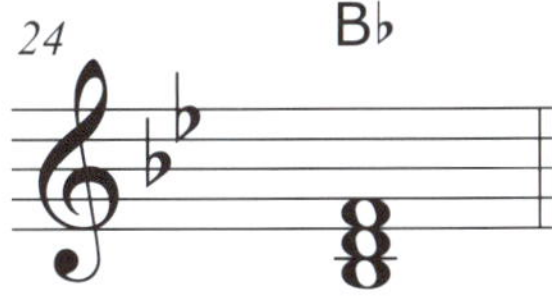

③ B♭ minor 코드 맞추기

같은 원리로 B♭ minor 코드를 만들어볼까요? B♭ Major Scale 에서 1, ♭3,5를 적용해보세요.

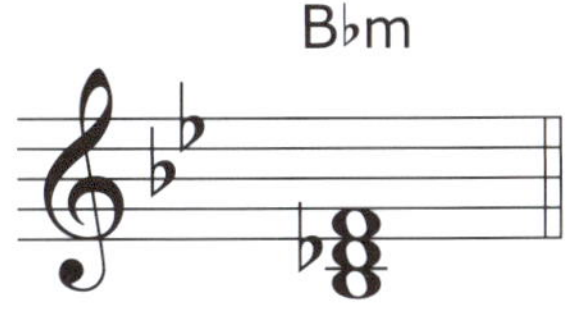

같은 방식으로 B♭sus4 (1,4,5), B♭aug (1, 3, ♯5), B♭dim (1, ♭3, ♭5) 코드도 써본 뒤 연주해볼까요?

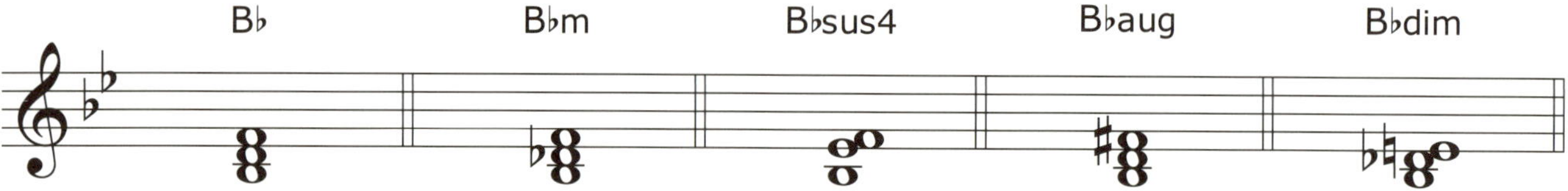

▶ **이번에는 E♭ Major Scale 위에서도 3화음을 맞춰볼까요?**

① E♭ Major Scale 쓰기

E♭ Major Scale을 천천히 위아래로 연주해볼까요?

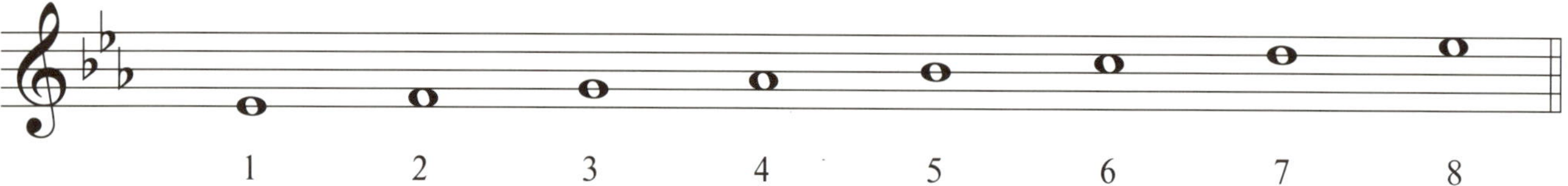

② E♭ Major 코드 맞추기

E♭ Major Scale 안에서 1, 3, 5번째 음을 골라 E♭ Major 코드를 만들어볼까요?

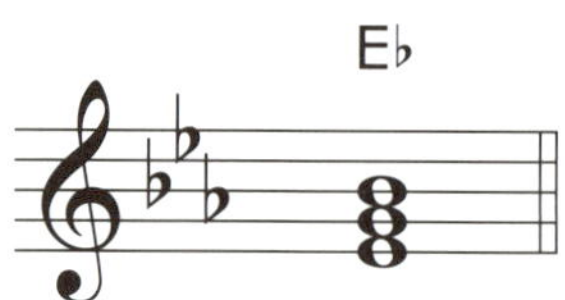

③ E♭ minor 코드 맞추기

같은 원리로 E♭ minor 코드를 만들어볼까요? E♭ Major Scale 에서 1, ♭3,5를 적용해보세요.

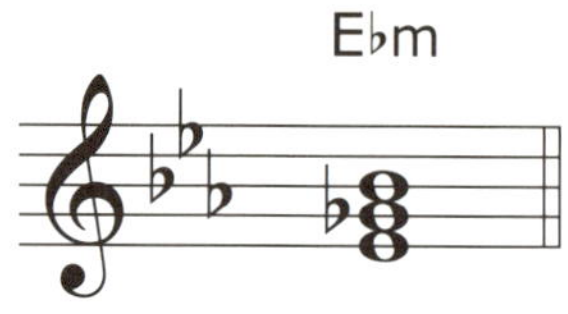

같은 방식으로 E♭sus4 (1,4,5), E♭aug (1, 3, ♯5), E♭dim (1, ♭3, ♭5) 코드도 써본 뒤 연주해볼까요?

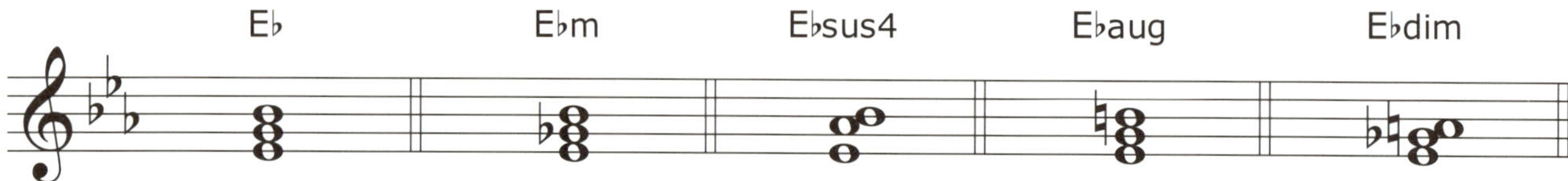

▶ 이번에는 A♭ Major Scale 위에서도 3화음을 맞춰볼까요?

① A♭ Major Scale 쓰기

A♭ Major Scale을 천천히 위아래로 연주해볼까요?

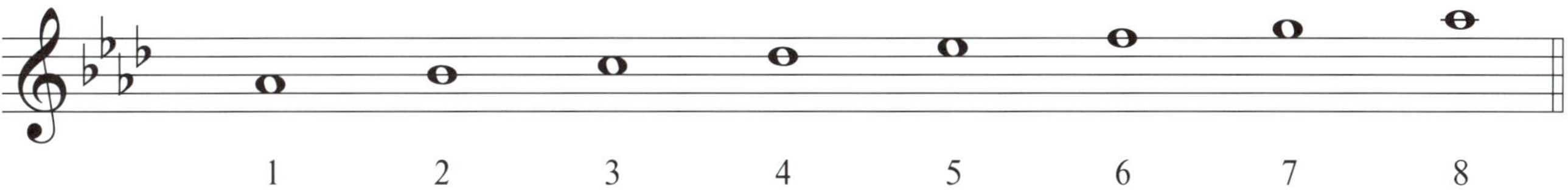

② A♭ Major 코드 맞추기

A♭ Major Scale 안에서 1, 3, 5번째 음을 골라 A♭ Major 코드를 만들어볼까요?

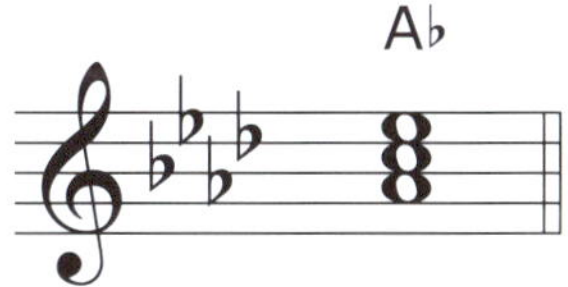

③ A♭ minor 코드 맞추기

같은 원리로 A♭ minor 코드를 만들어볼까요? A♭ Major Scale 에서 1,♭3,5를 적용해보세요.

같은 방식으로 A♭sus4 (1,4,5), A♭aug (1, 3, ♯5), A♭dim (1, ♭3, ♭5) 코드도 써본 뒤 연주해볼까요?

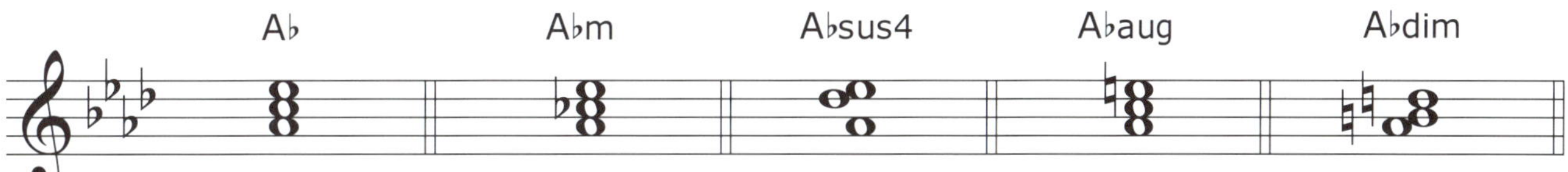

뒷장에 나오는 12 Key의 3화음(Triad) 코드를 모두 완성해보세요.

12 Key 의 3화음을 그려보며 연습해보세요.

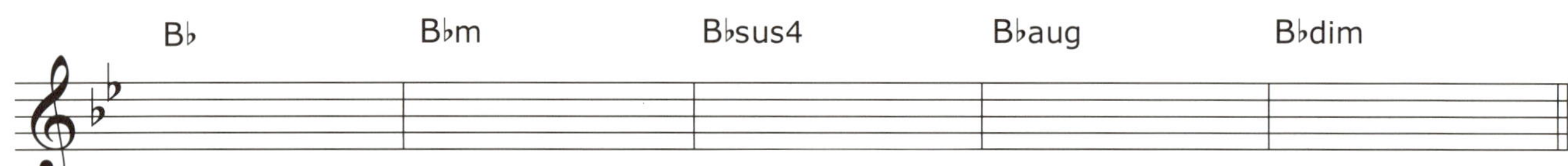

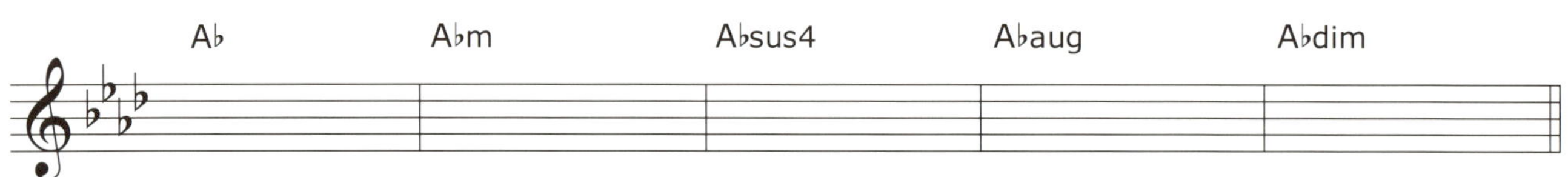

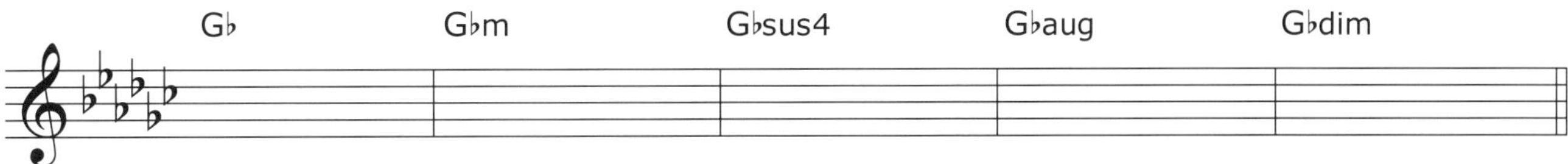

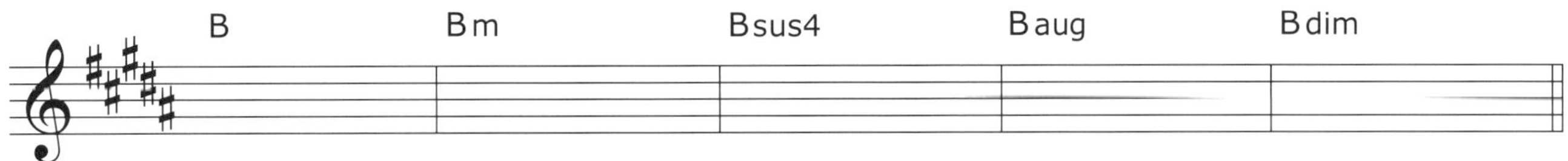

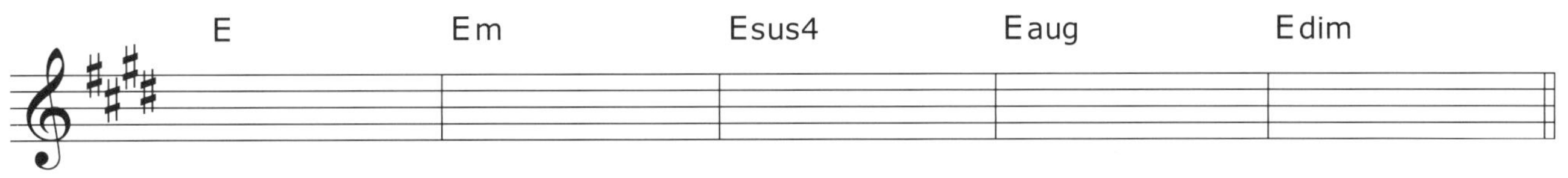

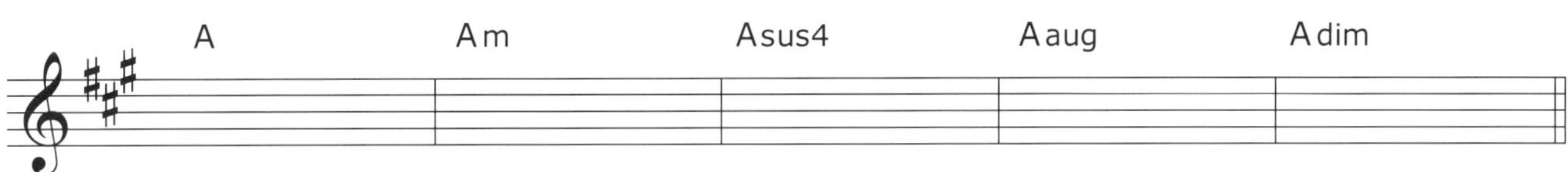

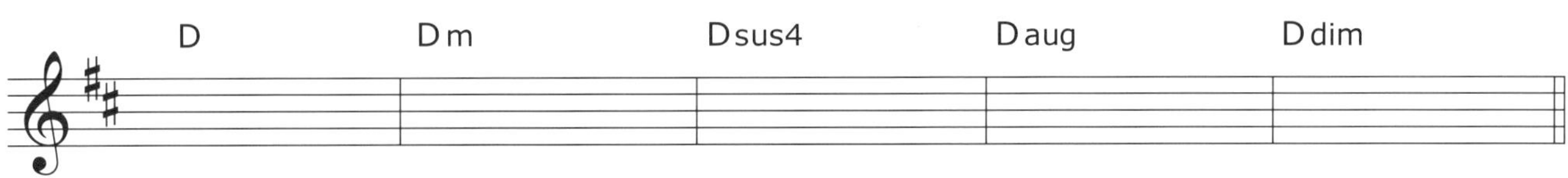

G   Gm   Gsus4   Gaug   Gdim

Step Up 2 아래 악보를 보고, 멜로디는 제외한 채 앞에서 배운 3화음 코드의 기본자리로 연주해보세요.

입춘

한로로

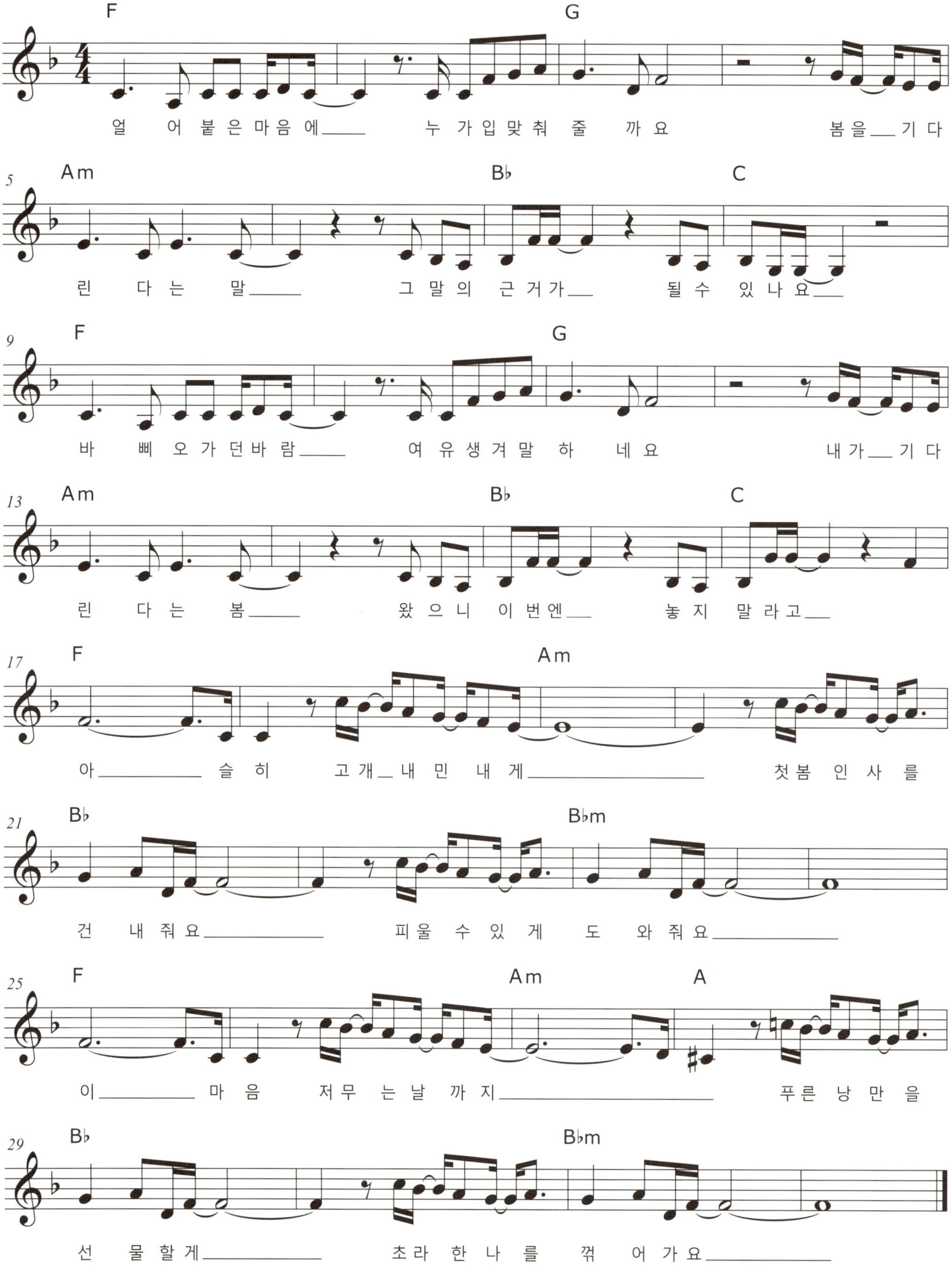

03   실전 곡으로 배우는 3화음 연주

이번에는 실제 곡의 코드 진행으로 3화음을 연습해볼게요.

연습 순서를 이렇게 진행해보세요:

> ① 코드 진행 → ② 멜로디 → ③ 왼손 코드 + 오른손 멜로디

단계별로 연습하면 곡의 구조와 코드 전환을 훨씬 쉽게 이해할 수 있습니다.

I AM

IVE(아이브)

① 코드 진행 익히기

1) 왼손은 근음(Root), 오른손은 3화음(Triad)을 연주해보세요.

2) 각자의 코드가 익숙해지면 코드 간의 이동을 자연스럽게 연결해봅니다.

설명 & 연주 영상

코드 진행 Am → D → G → Em

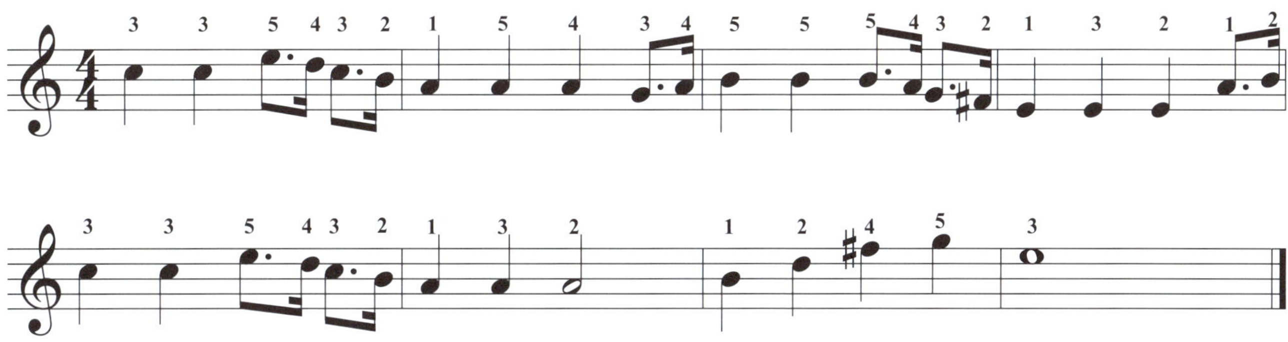

② 멜로디 추가하기

1) 먼저 멜로디만 따로 연주해보세요.

2) 익숙해지면 코드와 멜로디를 함께 연주해보세요.

③ 왼손 코드 + 오른손 멜로디 연습하기

1) 오른손, 왼손 각자 따로 연습한 뒤 양손 연주해보세요.

2) 처음에는 느린 템포로 천천히 연습하세요. 두 손이 자연스럽게 분리되어 움직이는 게 가장 중요합니다.

3) 익숙해지면 리듬을 조금씩 살리며 실제 곡처럼 자연스럽게 연주해보세요.

순서에 맞게 연습해 보셨나요?

이번에는 앞의 곡과 같은 방식으로 Kpop Demon Hunters 에 수록된 〈Soda Pop〉

악보를 보며 직접 스스로 연습해 볼 거예요. 지금까지 배운 내용을 떠올리면서,

하나씩 적용해 보며 연습해보세요.

Soda Pop

Kpop Demon Hunters Soundtrack

① 코드 진행 익히기

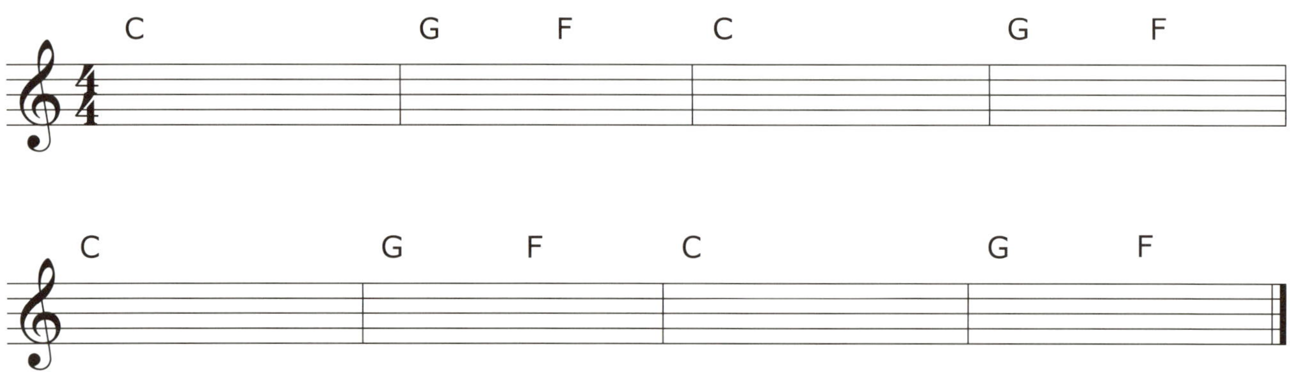

② 멜로디 추가하기

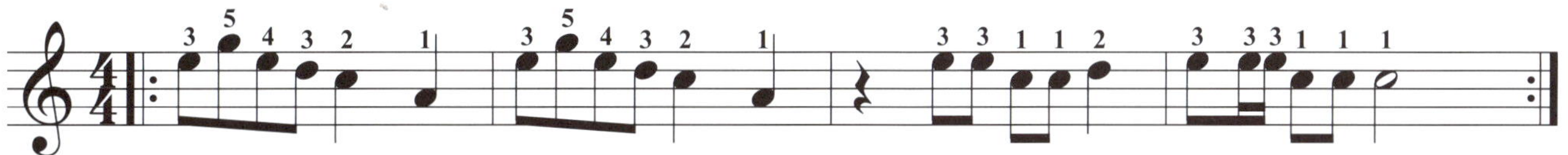

③ 왼손 코드 + 오른손 멜로디 연습하기

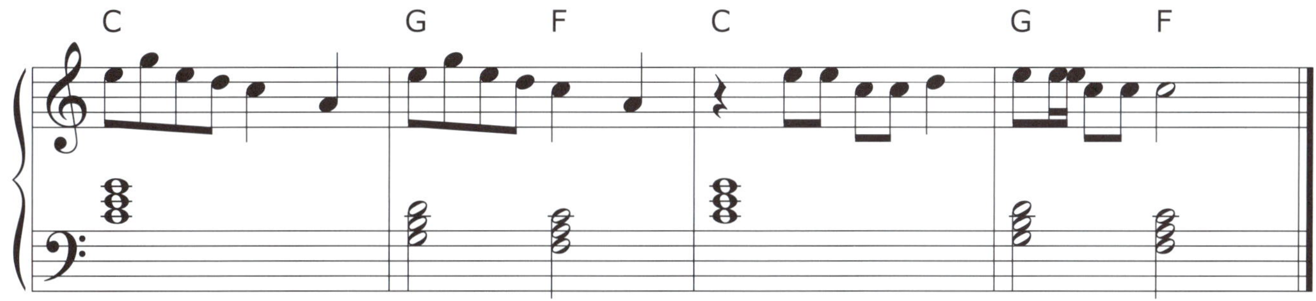

이로써 3화음에 대한 첫 챕터가 끝났는데요!

여러분은 어떠셨나요?

쉬운 분들도 있고 아직 어렵게 느껴지는 분들도 있을 거예요.

원리를 이해하는 것도 중요하지만 무엇보다 손으로 많이 연습하는 게 중요합니다.

Step Up 과제를 충분히 복습하고 다음 강으로 넘어가볼까요?

3화음 예제 연습

연습 tip

하나의 Key를 정해서 그 안에서 3화음부터 차근차근 정복해 보세요. 코드는 배우면 배울수록 종류가 점점 많아지기 때문에 아래와 같이 Key별로 정리하며 연습하면 기억이 훨씬 또렷해집니다.

손에 잘 붙지 않거나 생각하는 데 시간이 걸리는 코드들은 따로 체크해 두세요.

반복해서 연습하다보면 어느새 자연스럽게 익숙해질 것입니다. 특히 자꾸 틀리는 버릇이 생기면 그 코드는 매번 다른 방식으로 짚게 되면서 더 헷갈리기 쉬워집니다.

예시 1

| C | Em | Am | Fm | C | E | Am | Fm |

예시 2

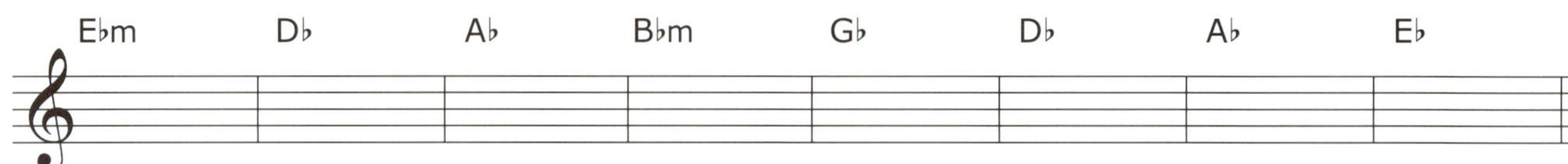

예시 3

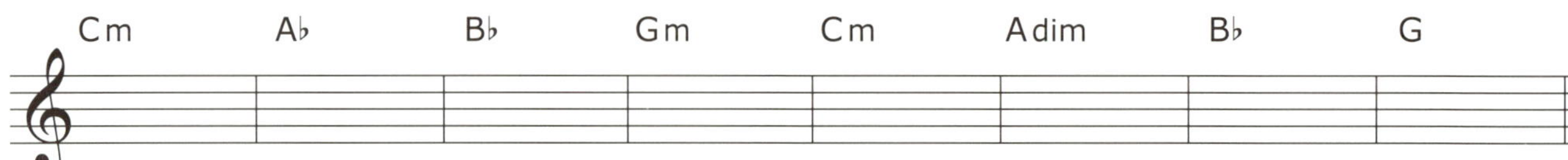

예시 4

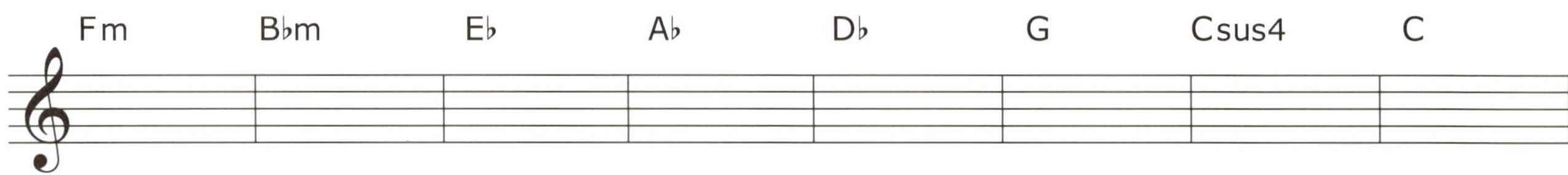

틀리기 쉬운 코드일수록 더욱 의식적으로 관리하며 연습하는 것이 중요해요.

반드시 확인하며 연습해보세요.

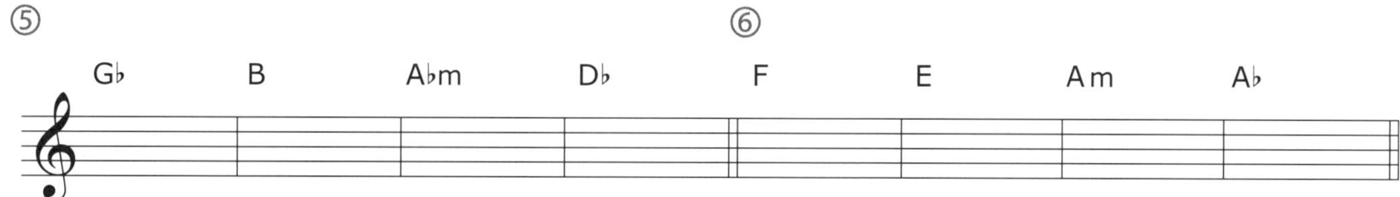

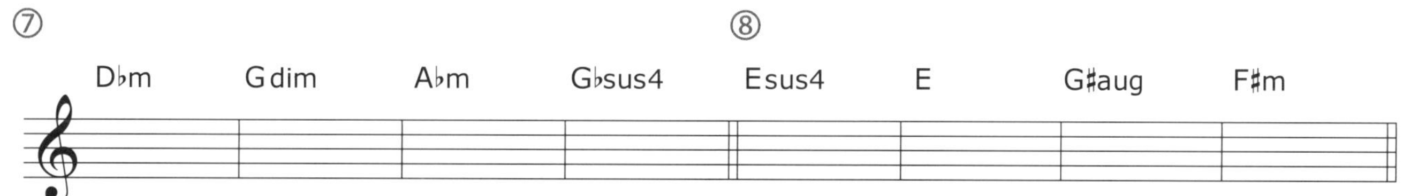

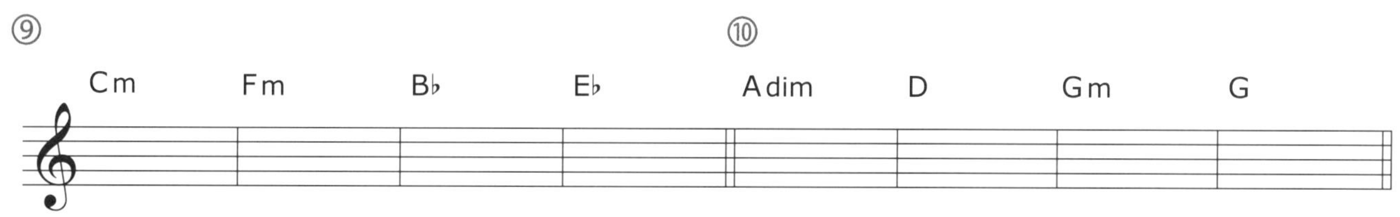

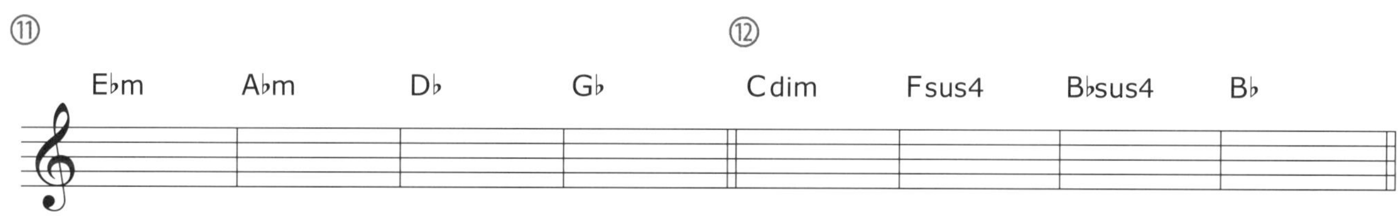

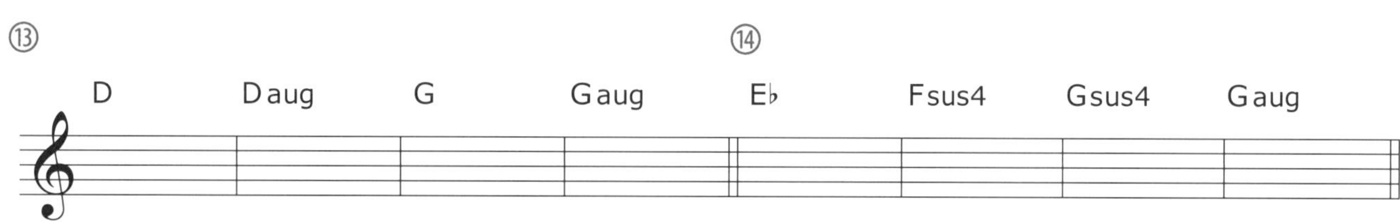

⑮ Asus4   Aaug   C   C#dim
⑯ Dm   D#dim   Esus4   E

Grade 2

전위 (Inversion)

목표: 전위의 기본 원리를 배우고, 코드를 자연스럽게 연결하는 감각 만들기

Chapter 01 전위란 무엇일까요?

전위는 코드 구성음 중 어떤 음이 가장 아래(베이스)에 오는가에 따라 형태가 달라지는 개념입니다.

베이스가 바뀌면 전위가 달라지고, 곡의 흐름과 안정감에 직접 영향을 줍니다.

Chapter 02 같은 코드지만 베이스가 바뀌면 어떻게 달라질까요?

예시들을 통해 기본자리 – 1전위 – 2전위가 어떻게 다른 느낌을 만드는지 직접 비교해보세요.

전위와 보이싱을 활용한 코드진행 예시를 통해 연습해보고

실전 곡을 통해 전위가 실제 음악에서 어떻게 사용되는지도 살펴봅니다.

Chapter 03 Step Up 과제

배운 전위를 다른 Key 에도 직접 적용해볼까요?

전위가 주는 느낌을 비교해보며 코드 구조에 대한 감각을 확장해 봅시다.

전위(Inversion)의 개념 알기

벌써 3화음을 다 외우고 여기까지 오셨다면 정말 대단하신 거에요.

대충 외우는 것과 정확하게 외우는 것은 완전히 다르기 때문이에요.

칭찬합니다!

이번 챕터에서는 앞에서 배운 **3화음(Triad)**을 더욱 풍부하게 활용할 수 있게

해주는 **전위(Inversion)**에 대해 배워볼 거예요.

전위 (Inversion) 란 무엇일까?

전위는 **코드 구성음 중 어떤 음이 가장 아래(베이스)에 오는가**에 따라 코드의 형태가 달라지는 개념입니다.

베이스가 바뀌면 전위가 달라지고 이는 곡의 흐름과 안정감에 직접적인 영향을 줍니다.

같은 코드라도 어떤 음이 가장 아래에 놓이느냐에 따라 느낌이 어떻게 달라지는지 이번 챕터에서 함께 살펴보겠습니다.

같은 코드인데 베이스가 바뀌면 어떻게 달라질까요?

앞에서 배운 C Major 코드 기억나시죠?

저희가 배웠던 건 **기본자리(Root Position)**입니다.

C 코드의 기본자리

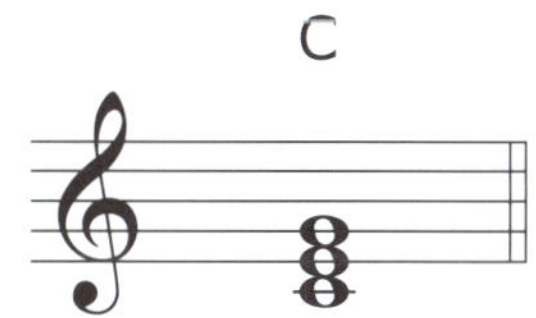

C 코드는 C – E – G로 이루어져 있는 건 모두 아실 거에요.

이 구성음들 중 어떤 음을 '베이스(가장 아래)'에 두느냐에 따라 서로 다른 전위가 만들어집니다.

예를 들어,

• E를 베이스로 두면 1전위(C/E)라고 합니다.

C/E

C/E 에서 C 는 코드, E 는 베이스 노트를 의미합니다.

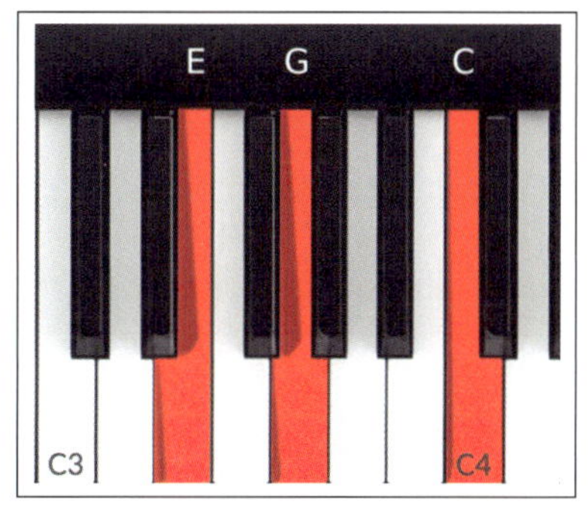

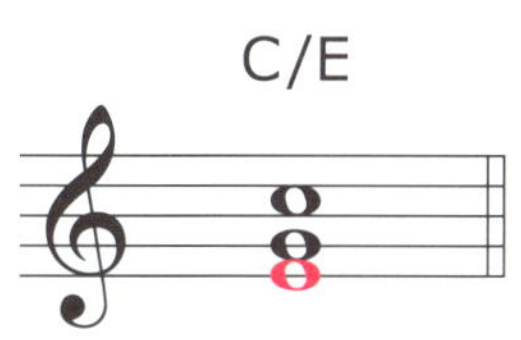

C/G

여기서도 마찬가지로 C 는 코드, G 는 베이스 노트를 의미합니다.

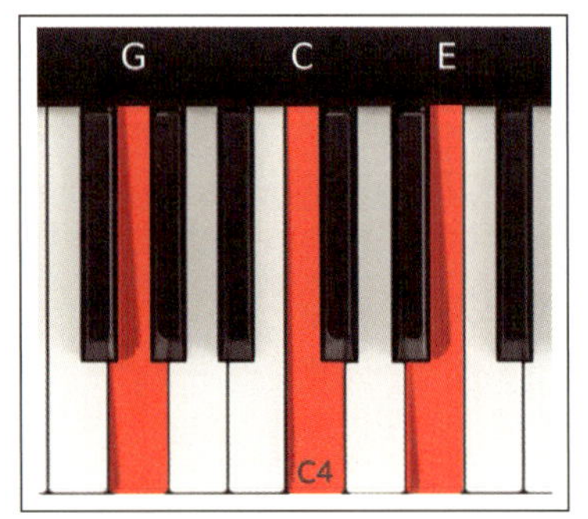

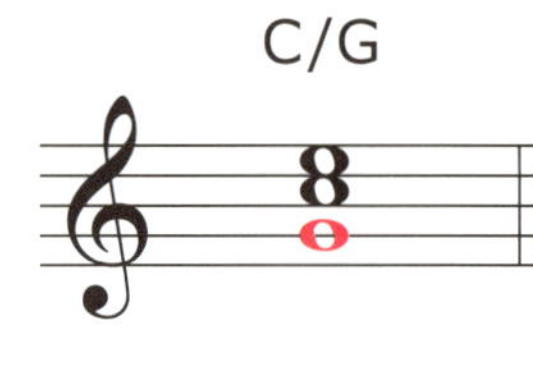

보통 전위에서는 코드의 구성음을 가지고 베이스를 변경할 수 있어요. 전위부터 배우는 이유는 코드 사운드의 기둥과도 같은 역할을 하기 때문이에요. 화려한 코드도 좋지만 밑에서부터 하나씩 잘 쌓아가야 감각적인 밸런스를 가진 코드진행을 만들 수 있습니다.

> ## 자주 하는 실수 - 꼭 보세요!

1) 왼쪽이 베이스라고 착각하는 경우

많은 초보자들이 '앞에 있는 게 베이스인가?' 하고 헷갈리지만 **항상 왼쪽은 코드, 오른쪽이 베이스**입니다.

2) C/E를 'C와 E를 같이 치는 코드'라고 오해하는 경우

C/E는 'C 코드와 E 코드 두 개'를 동시에 치는 뜻이 아닙니다. C/E는 C 코드를 연주하되 베이스 음만 E로 바꾼 전위 표기입니다.

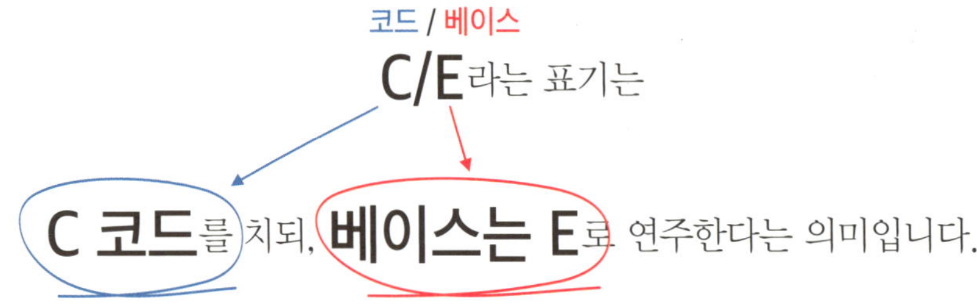

C = 코드 (Chord), E = 베이스 노트 (Bass Note)

전위의 느낌을 가장 쉽게 익히는 방법은 **한 코드 안에서 기본형 → 1전위 → 2전위**를 직접 움직여보는 거예요. 아래 두 가지 패턴만 연습해도 전위의 흐름이 손에 금방 익습니다. 같이 연습해볼까요?

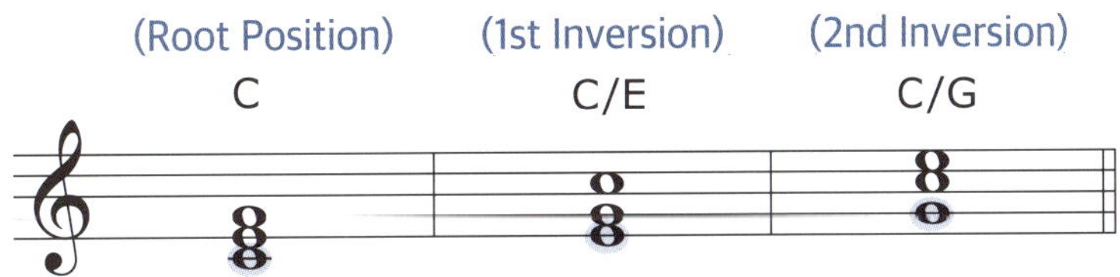

기본형에서 1전위, 2전위로 올라가면서 베이스가 바뀔 때 코드의 무게감이 어떻게 변하는지 들어보세요.

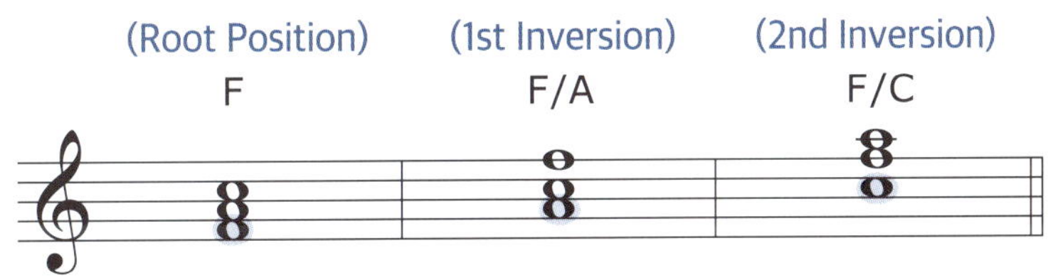

특히 F/A는 진행을 부드럽게 만들어주는 대표 전위라 실전 반주에서도 정말 자주 쓰여요.

전위는 코드 이동에서 생기는 어색한 점프를 줄여 진행의 흐름을 훨씬 더 자연스럽고 부드럽게 만들 수 있어요. 이 감각은 이후 보이싱, 보이스리딩에서 더욱 중요하게 작용하니까 다양한 코드로 꼭 연습해보세요.

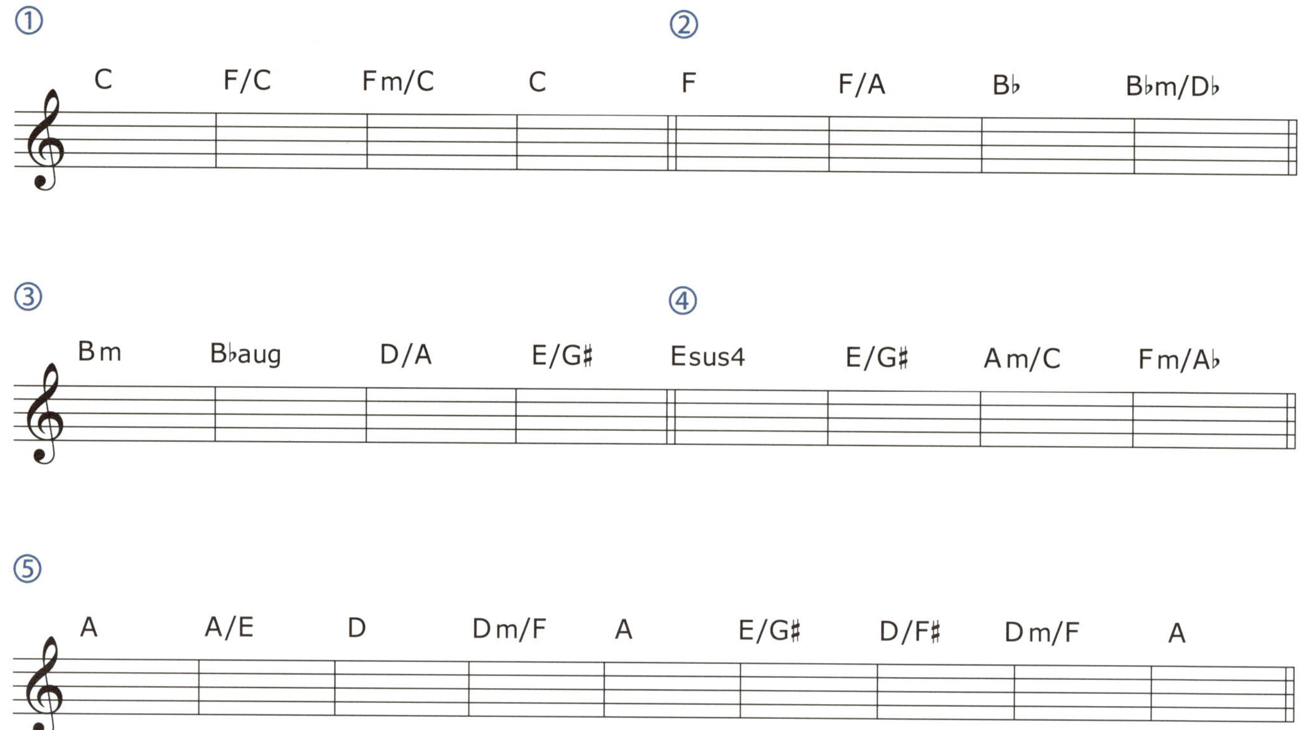

여기서 헷갈릴 수 있는 것!

첫 번째와 두 번째 코드는 전위일까요?

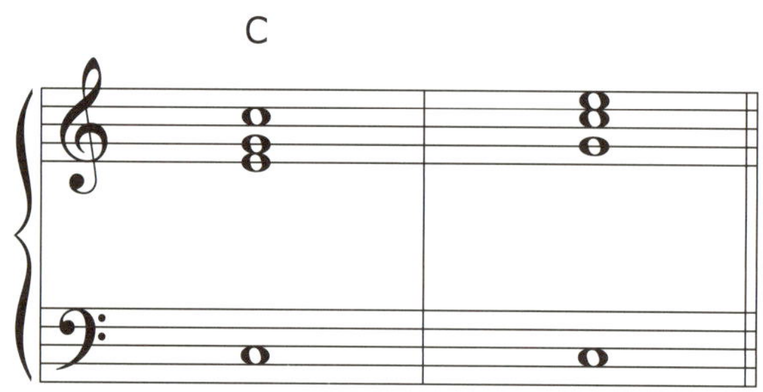

정답은 **기본 자리 (Root Position)**입니다.

화음의 전위 여부를 결정하는 가장 중요한 기준은 가장 낮은 음(Bass)이 무엇이냐는 것인데 여기서는 전부 C(도)가 베이스죠.

한편, 오른손의 음 배열은 3강에서 배우게 될 **보이싱(Voicing)의 개념**에 해당합니다.

그러면 아래 코드들은 C 코드의 어떤 전위인지 맞춰볼까요?

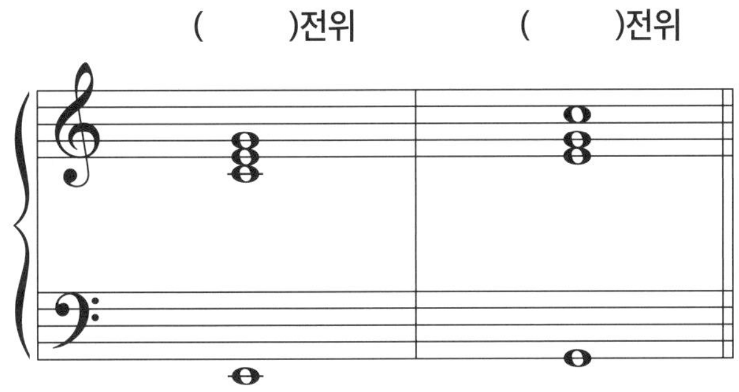

오른손이 구성음(도, 미, 솔)을 어떤 순서로 잡고 있는지는 전위 여부에 영향을 주지 않습니다. Bass가 어떤 음인지에 따라 전위의 여부를 결정하기 때문에 정답은 C 코드의 1전위, 2전위가 되겠습니다.

확실한 개념 정리를 위해 다음 문제도 풀어볼까요? 기본자리, 1전위, 2전위 중 골라서 적어보세요.

1. F코드의 자리바꿈

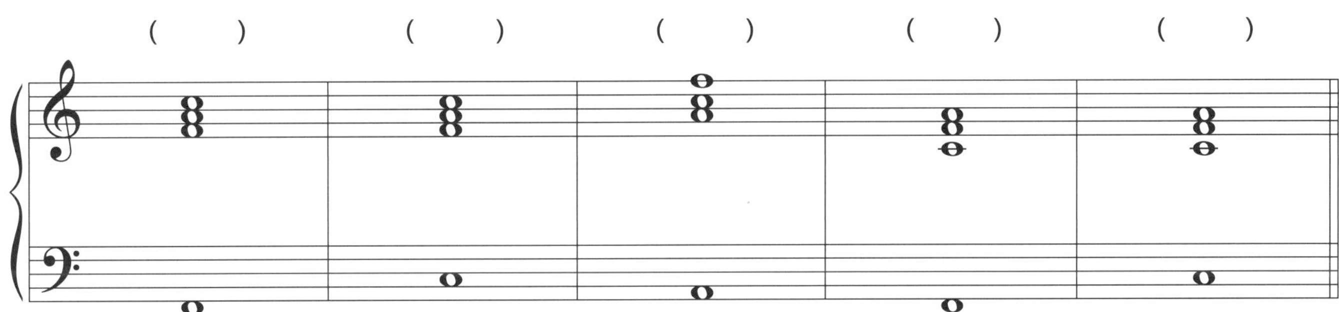

2. A코드의 자리바꿈

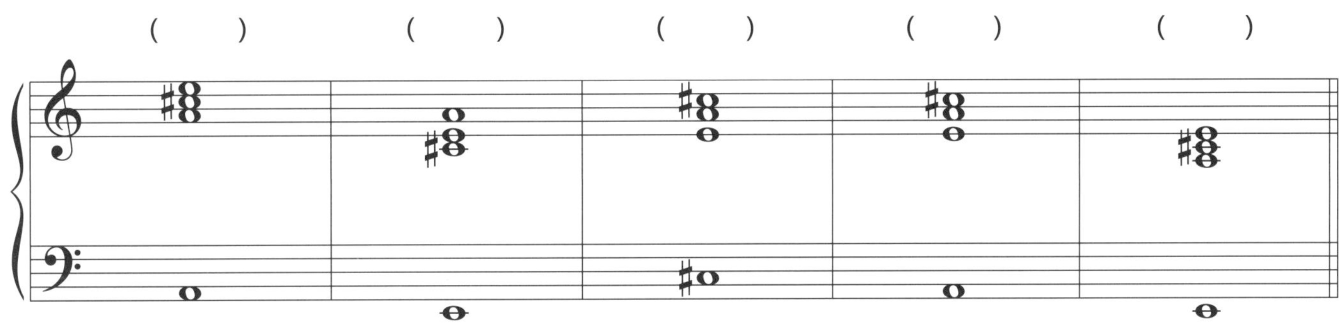

정답: (순서대로) 기본자리, 2전위, 1전위, 기본자리, 2전위

Q : 코드 악보를 보면 오른손이 코드의 기본 자리로 되어 있지 않은 경우가 종종 있는데 그건 무엇인가요?

A : 그것은 보이싱(Voicing)입니다.

악보를 살펴보면 오른손이 우리가 익숙하게 알고 있는 기본 자리 형태가 아니라 음의 순서가 바뀌어 배치되어 있는 경우를 자주 볼 수 있습니다. 이처럼 코드의 구성음은 그대로 유지한 채 오른손에서 음의 순서나 간격을 바꾸어 배치하는 것은 전위(Inversion)가 아니라 보이싱(Voicing)의 변화에 해당합니다. 다음 강에서 자세히 공부하겠지만 보이싱은 같은 코드라도 음의 배열이나 위치를 조정해 코드의 사운드를 조정할 수 있는 개념입니다. 따라서 오른손 보이싱의 변화와 베이스 음이 바뀌는 전위는 개념적으로 구분하여 이해해 두는 것이 중요합니다.

Step Up 과제를 통해 전위를 연습해볼까요?

3화음 전위와 보이싱을 활용한 코드진행 예시

Step Up 1

예시 1

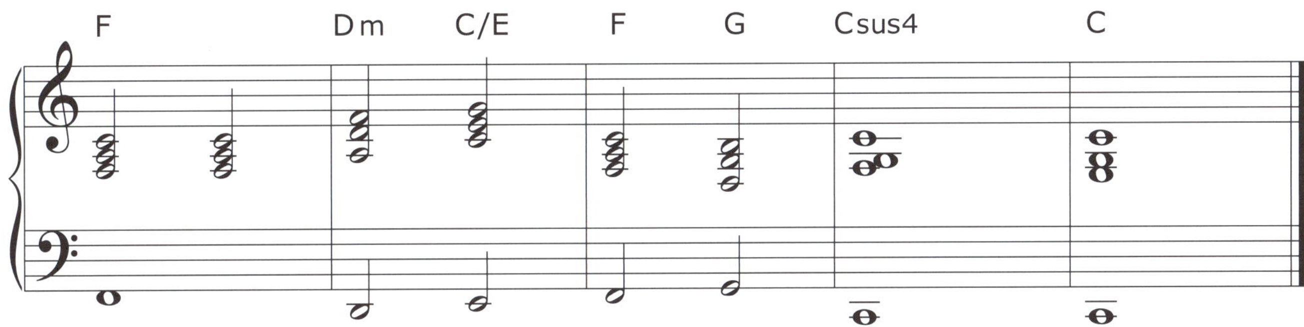

예시 2

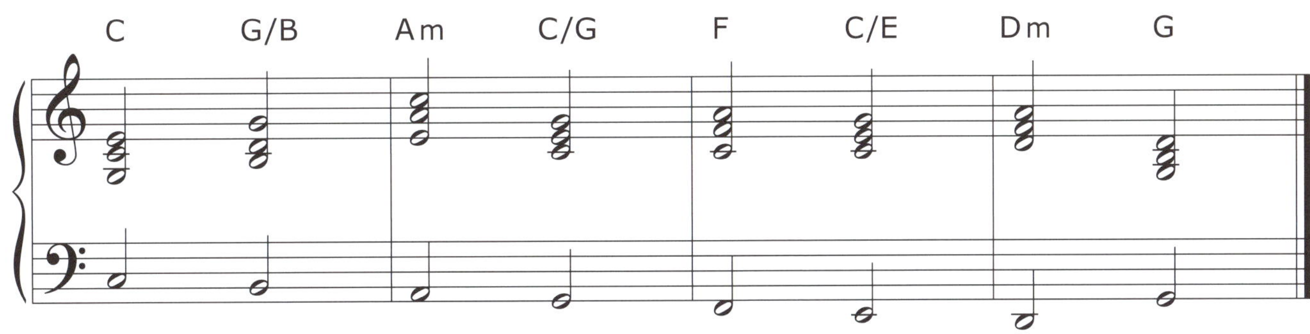

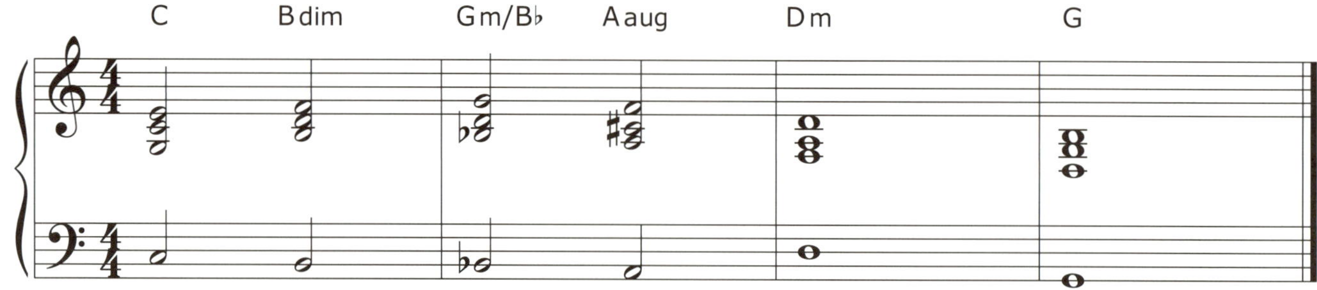

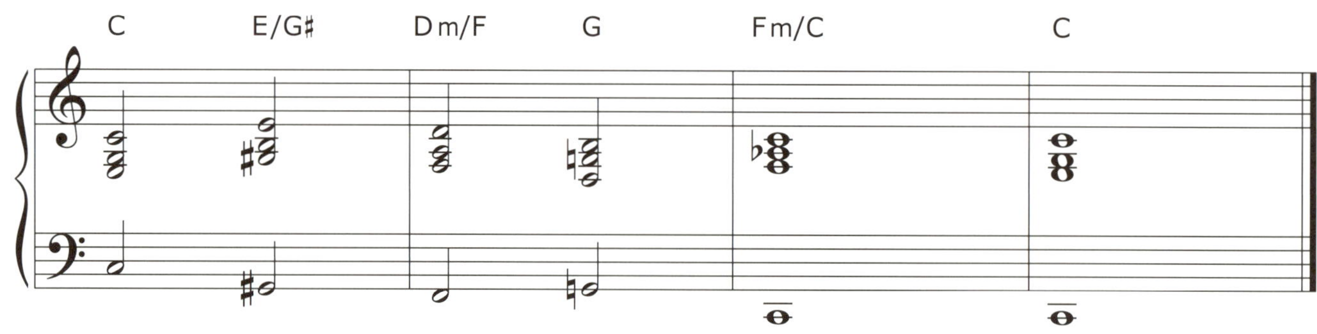

예시 4 이번 예시에서는 앞의 4마디를 먼저 연주해 보이싱을 파악한 뒤, 뒤의 4마디를 연주해보세요.
같은 보이싱에 멜로디를 더한 예시입니다.

오른손 코드 보이싱을 바꿔 연주해보기

설명 & 연주 영상

Step Up 2

1. Key 고르기

예 C Key

2. 아래 연습을 순서대로 따라 하며, 3화음의 오른손 보이싱 변화를 함께 익혀보세요.

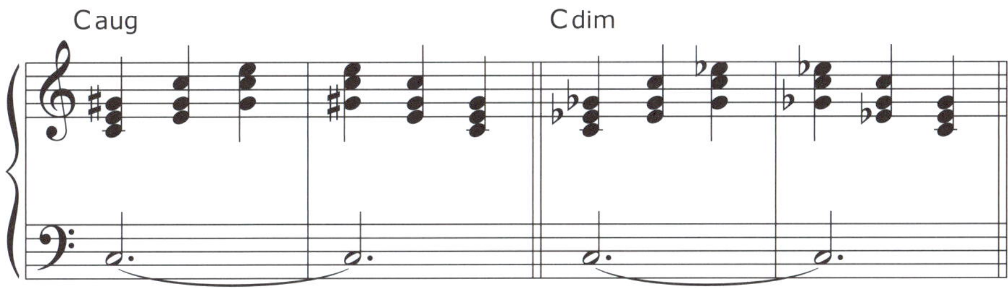

> **연습 tip**
>
> 왼손으로 연주하는 베이스 음은 각 마디의 첫 박에서 한 번 눌러 준 뒤, 하행으로 돌아오는 동안 지속해서 유지해 주시면 됩니다.
>
> 처음에는 메트로놈 없이 연습하여 손과 음의 움직임에 충분히 익숙해지세요. 틀리지 않고 안정적으로 연주할 수 있게 되면, 그때 메트로놈을 켜고 연습해 보시기 바랍니다.
>
> 이 연습은 부록을 참고하여 3화음 전부를 12 Key로 확장해 반복 연습해보세요.

Step Up 3 실전 곡으로 연습해보는 전위 & 보이싱 연주

이번에는 실제 곡의 코드 진행을 활용해 전위와 보이싱을 적용한 연주를 단계적으로 연습해 봅니다. 아이유의 〈너의 의미〉 인트로 파트인데요. 오른손은 멜로디를, 왼손은 전위가 포함된 보이싱을 같이 연주해 볼게요. QR 코드를 참고해 연습해보세요.

너의 의미

아이유

1. 코드 진행 익히기

2. 기본 보이싱 + 오른손 멜로디 연습

멜로디는 손가락 번호를 잘 지켜 정확하게 연주해보세요. 왼손은 기본 코드 보이싱으로 연주하며, 멜로디와 함께 전체적인 사운드를 익히는 데 집중합니다.

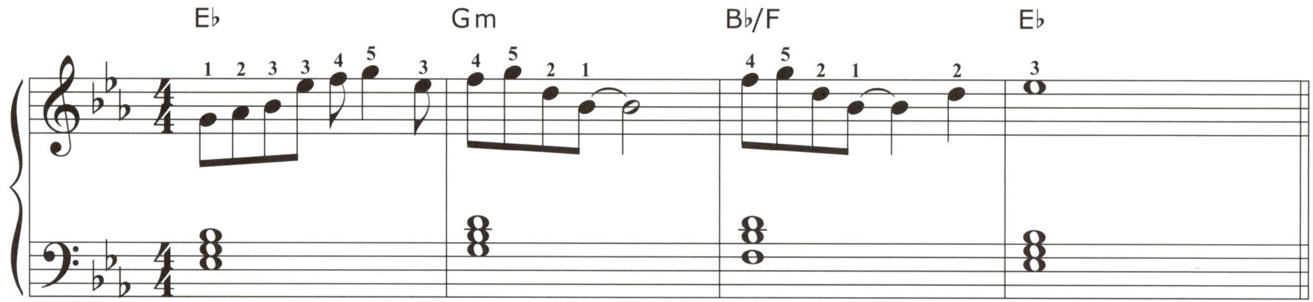

3. 음 추가에 따른 변화

멜로디는 동일하게 유지하되, 왼손 보이싱과 추가된 음에 주목해 보세요. 음이 하나씩 더해질 때 코드의 사운드가 어떻게 달라지는지 관찰하며 연주해 봅니다.

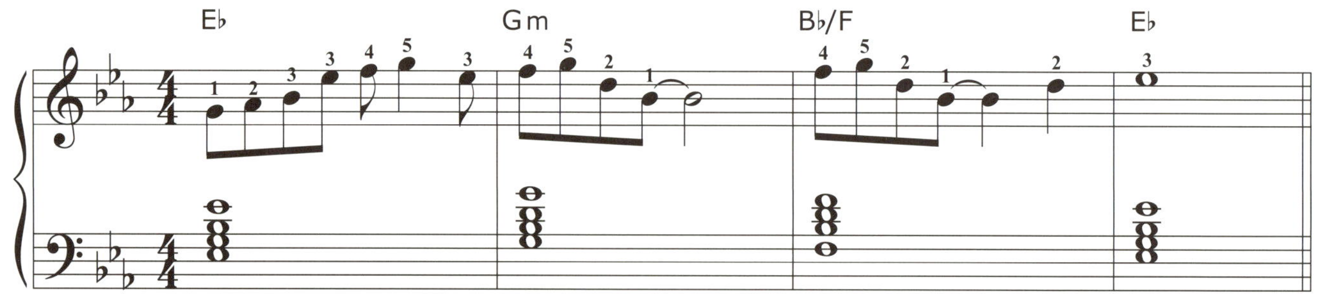

앞으로 나올 두 곡은 왼손과 오른손의 코드 반주를 연습해보는 곡입니다. 멜로디는 연주하지 않고 악보를 보며 코드의 보이싱을 파악한 뒤 천천히 연습해보세요.

Good Goodbye

HWASA

1. 코드 진행

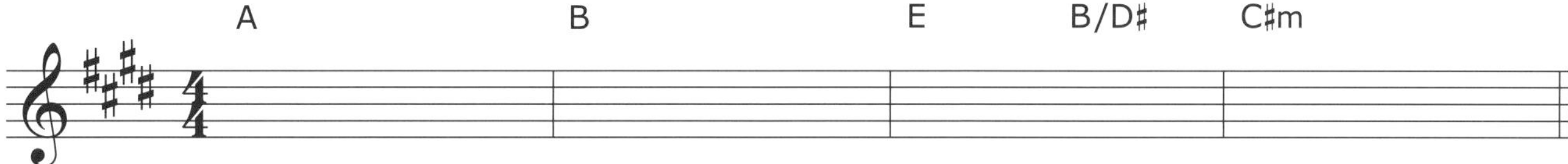

2. 전위 + 오른손 자리 바꿈

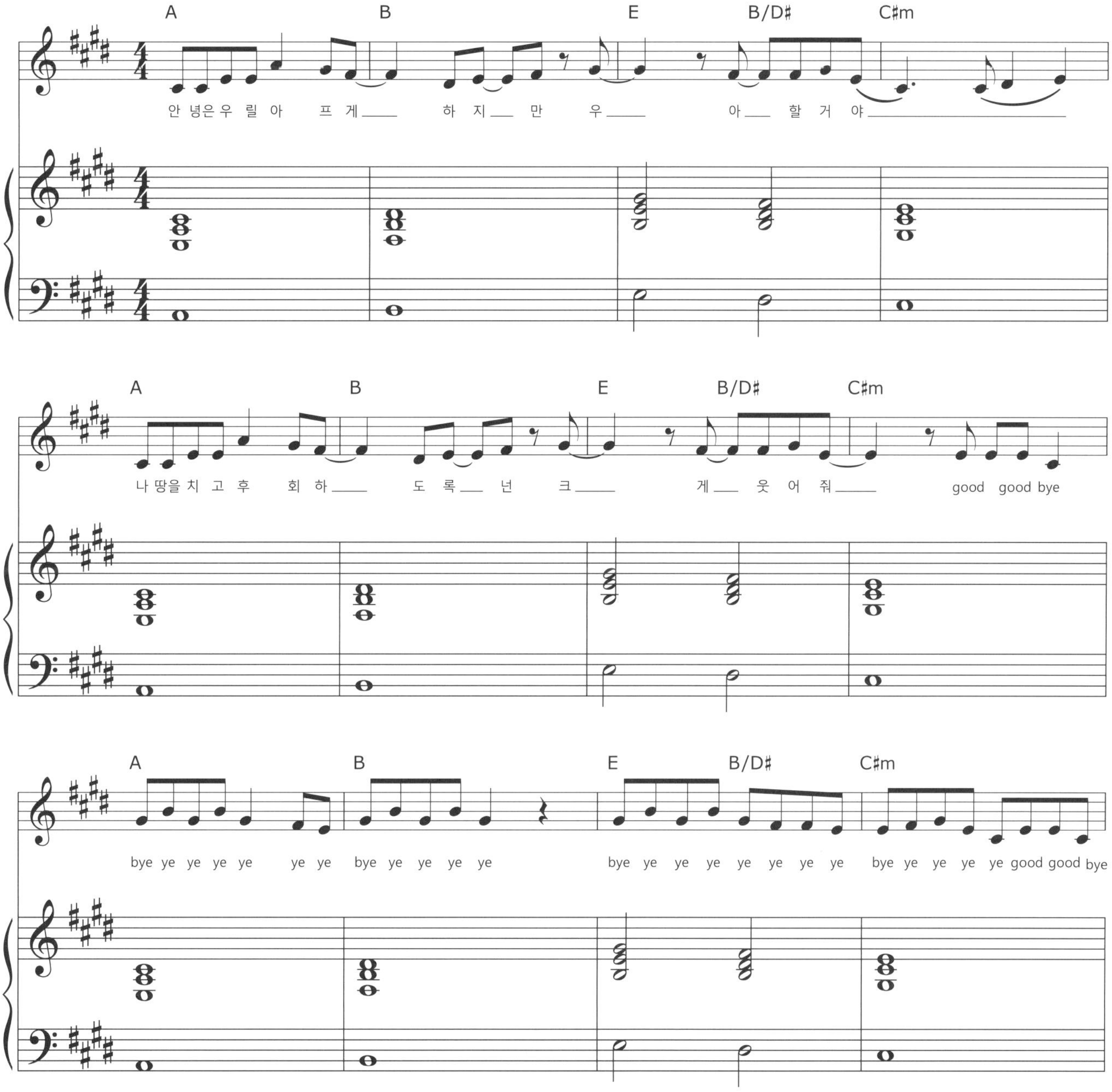

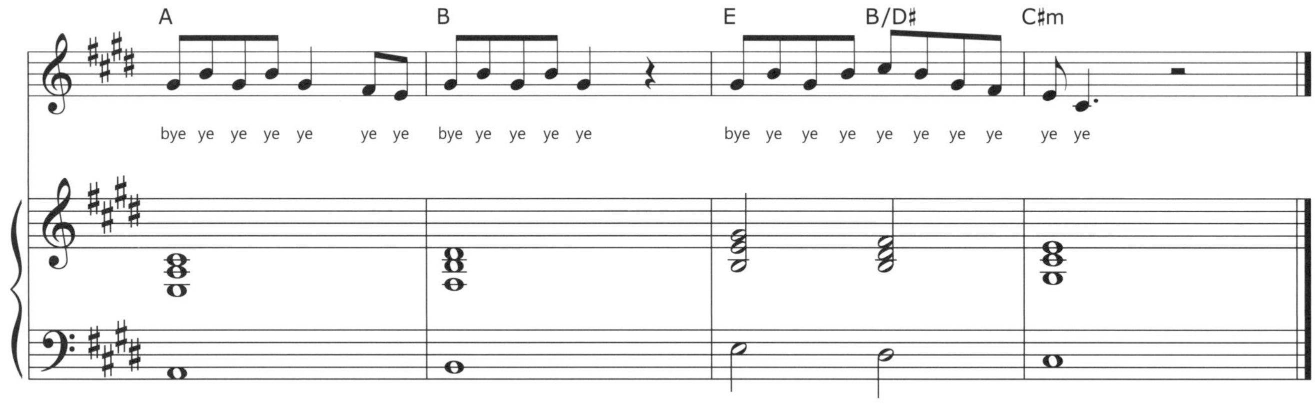

공드리

혁오(HYUKOH)

1. 코드 진행

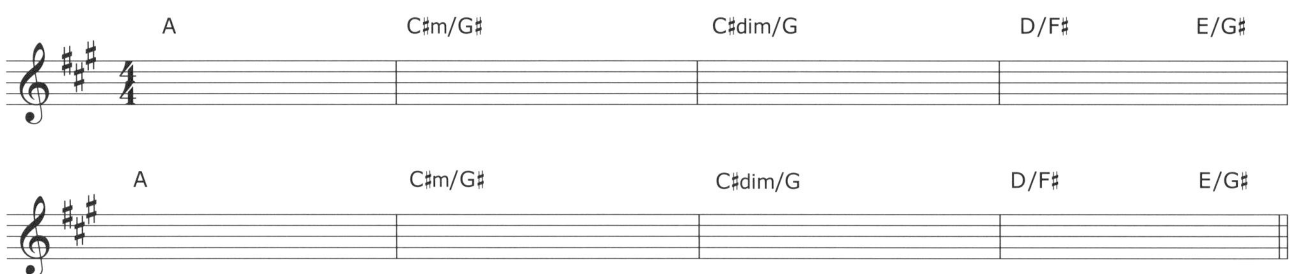

2. 전위 + 오른손 자리 바꿈

Grade 3

보이싱 (Voicing)

목표: 코드의 음을 감각적으로 배치해 나만의 사운드를 만드는 법 배우기

Chapter 01 보이싱이란 무엇일까?

같은 코드라도 음을 어떤 순서와 간격으로 쌓느냐에 따라 전혀 다른 분위기와 질감을 만들어내는 과정입니다.

Chapter 02 같은 코드, 다른 울림 - Closed vs Open

음을 가까이 모은 Closed Voicing(클로즈드 보이싱)와 넓게 펼친 Open Voicing(오픈 보이싱)의 차이를 비교하며,

음의 거리(간격)에 따라 달라지는 사운드의 폭과 울림을 직접 체험해 봅니다.

Chapter 03 색감 확장 - add2, sus2 보이싱 활용

기본 3화음에 한 음을 더하거나 변형하여, 코드에 감정과 색감을 더하는 방법을 연습합니다.

Chapter 04 탑 노트(Top Note) - 코드의 첫인상을 결정하는 탑 노트(Top Note) 이해하기

탑 노트는 보이싱에서 가장 위에 위치한 음으로, 코드의 첫인상을 결정하는 핵심 요소입니다.

멜로디와의 조화에 큰 영향을 주며, 예시를 통해 그 차이를 확인해 보겠습니다.

01 보이싱(Voicing)의 개념 알기

익숙한 단어지만 막상 설명하려고 하면 어렵게 느껴질 수 있습니다.

보이싱은 **코드를 이루는 음을 어떻게 배치하고 디자인하느냐**를 의미합니다.

어쩌면 코드를 만든다면 반드시 알아야 할, 가장 기본이면서도 가장

큰 개념이라고도 볼 수 있습니다.

같은 코드라도 **음의 순서, 개수,** 그리고 **간격**을 어떻게 쌓느냐에 따라

소리의 분위기와 질감, 감정의 깊이까지 완전히 달라집니다.

코드 진행을 더 자연스럽고 예쁘게 만들고 싶다면 이번 챕터를 꼭 여러 번 반복해서 읽어보세요.

02 같은 코드, 다른 울림 <Closed vs Open>

보이싱에는 정말 다양한 형태가 있습니다. 음의 순서를 바꾸거나 음 사이의 간격을 좁히거나 넓히는 등, 같은 코드라도 수많은 보이싱이 만들어집니다.

그중에서도 가장 기본이 되는 것이 Closed Voicing(클로즈드 보이싱)과 Open Voicing(오픈 보이싱)입니다. 이 개념은 초보자도 바로 느낄 수 있을 만큼 차이가 분명해, 보이싱의 기본 감각을 익히기에 좋은 출발점입니다. **음의 간격**을 어떻게 두느냐에 따라 같은 코드라도 전혀 다른 울림을 만들어내기 때문이죠. 아래의 예시를 직접 연주해 보면서, 음의 간격이 만들어내는 차이를 귀로 느껴보세요.

Closed Voicing :

코드의 구성음들이 한 옥타브(Octave) 안에서 가장 가깝게 모여 배열되는 방식입니다.

1. C 코드(C-E-G)

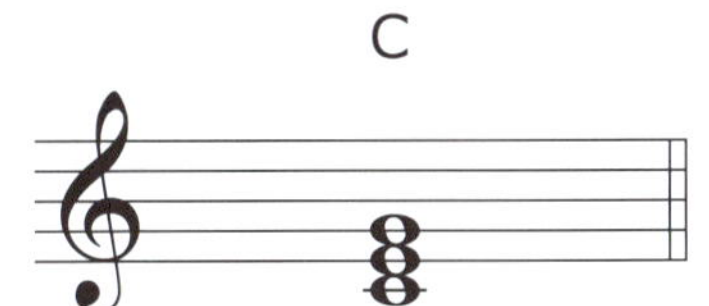

2. Csus2 코드(C-D-G)

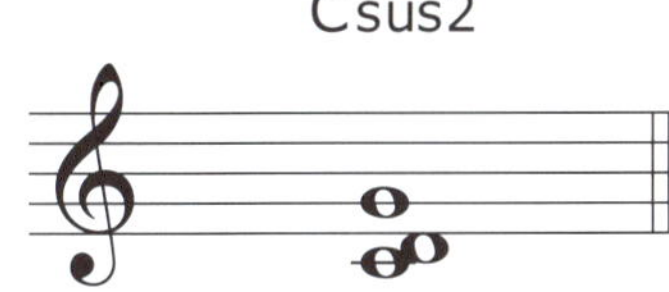

Csus2 코드는 처음 보셨죠? 곧 알려드릴테니 지금은 먼저 연주해보며 소리를 들어보세요.

Open Voicing :

코드의 구성음들이 한 옥타브(Octave)를 넘어서 넓게 펼쳐져 배열되는 방식입니다.

1. C 코드(C-G-E)

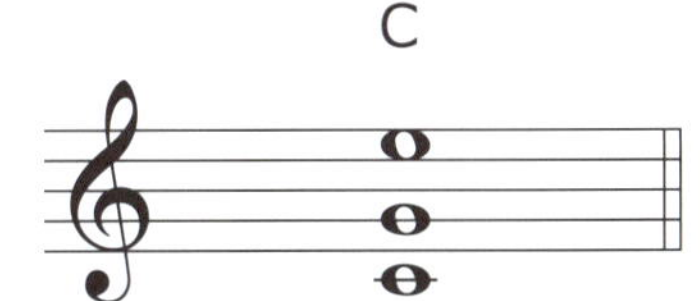

2. Csus2 코드(C-G-D)

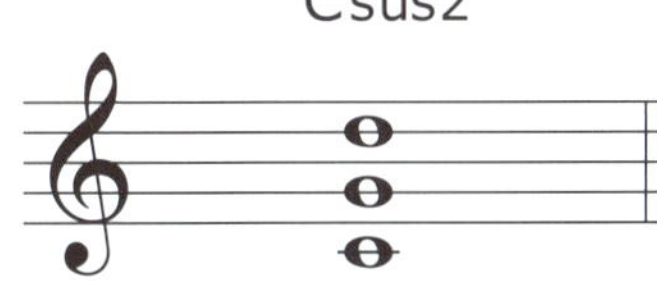

- Closed Voicing은 음이 서로 가깝기 때문에 부드럽고 안정적인 소리를 냅니다.
- Open Voicing은 음 사이의 공간이 넓어져 더 개방적이고 풍성한 울림을 만들어냅니다.

Open Voicing은 피아노 반주나 스트링 편곡에서 자주 사용됩니다. 같은 코드에서 손의 간격을 조금만 넓혀도 훨씬 더 풍부한 사운드를 낼 수 있습니다. 하지만 간격이 넓고 소리가 풍부하다고 해서 항상 정답은 아닙니다. 쓰는 악기와 음역, 편곡에 따라 달라질 수 있기 때문에 둘 다 알아두시고 상황에 맞게 배열해보세요.

이제 여러분은 단순히 코드를 '누르는 것'을 넘어, 소리를 '디자인'하는 단계로 들어왔습니다.

실전 예시를 통해 비교해볼까요?

LOVE DIVE

IVE(아이브)

Closed Voicing 예시 왼손 음역이 비교적 높아 높은음자리표로 표기했습니다. 이 점 유의해서 연주해보세요.

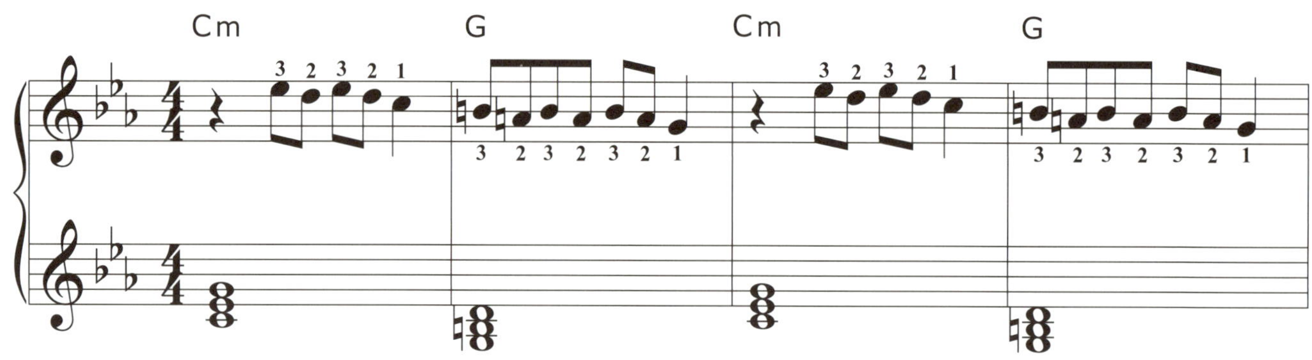

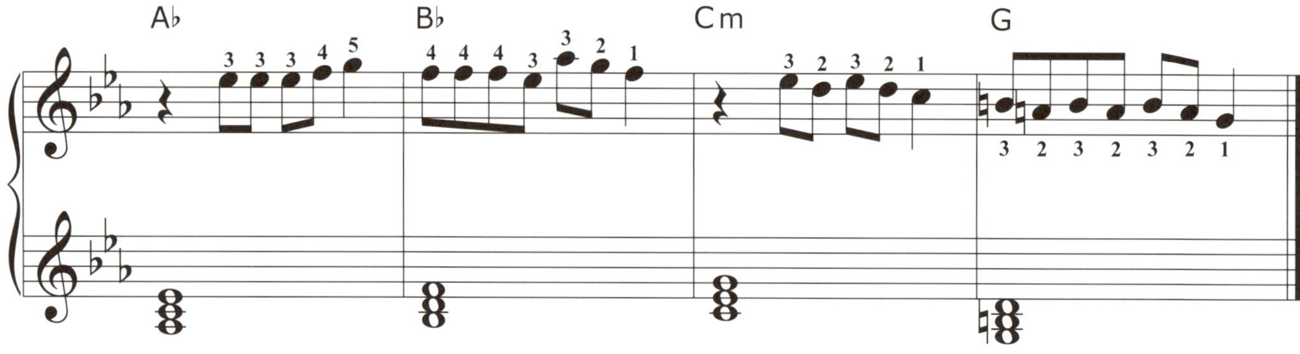

Open Voicing 예시 Open Voicing 악보는 특히 오른손 음표가 헷갈릴 수 있기 때문에 QR 영상을
참고하며 연습해보세요.

비교해서 연주해보니 어떤가요?

보이싱을 조금만 바꿔도 같은 코드에서 다른 사운드의 인상을 만들어 낼 수 있다는 점을 확인할 수 있습니
다. 이런 작은 변화가 바로 **음악의 사운드**를 만들고, 연주를 더 입체적으로 들리게 하는 핵심 요소입니다.
이제 기본 보이싱을 넘어 add2, sus2 보이싱처럼 색감을 더하는 방법도 함께 알아보겠습니다.

음의 개수에 따른 코드 사운드 변화 예시

보이싱은 음의 배열뿐 아니라, **포함되는 음의 개수**에 따라서도 달라집니다. 음 하나를 추가하는 것만으로도 코드의 질감과 울림은 훨씬 풍부해질 수 있습니다.

같은 곡으로 두 가지 버전을 비교해 연주해보겠습니다. 멜로디는 연주하지 않고 오른손과 왼손의 반주만 연주해보세요.

Drowning

WOODZ

예시 1 코드 보이싱을 같이 연주해볼까요?

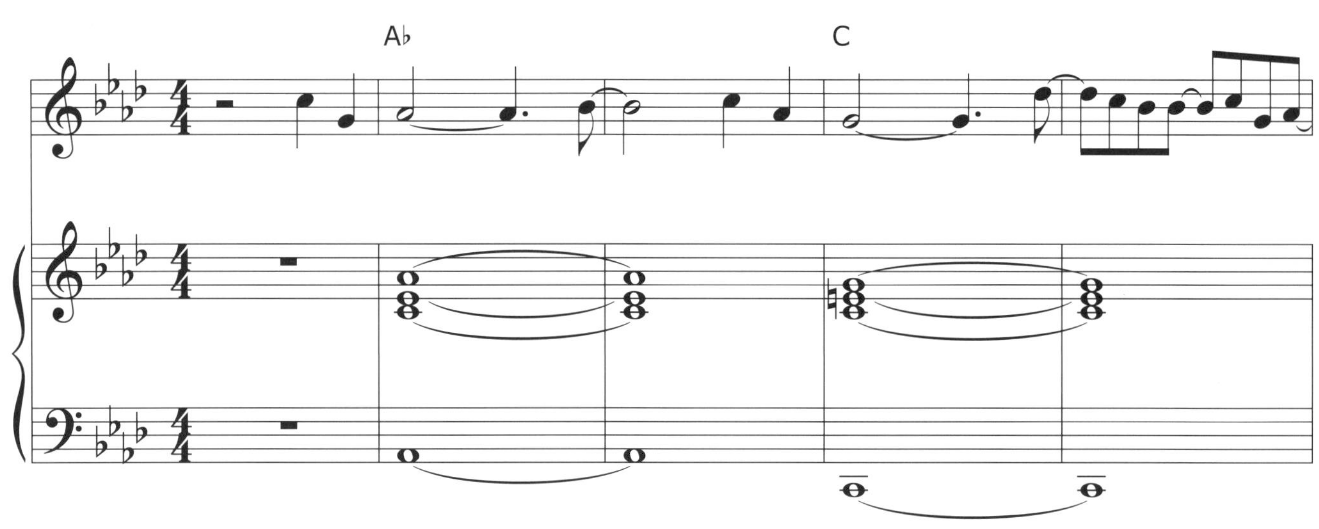

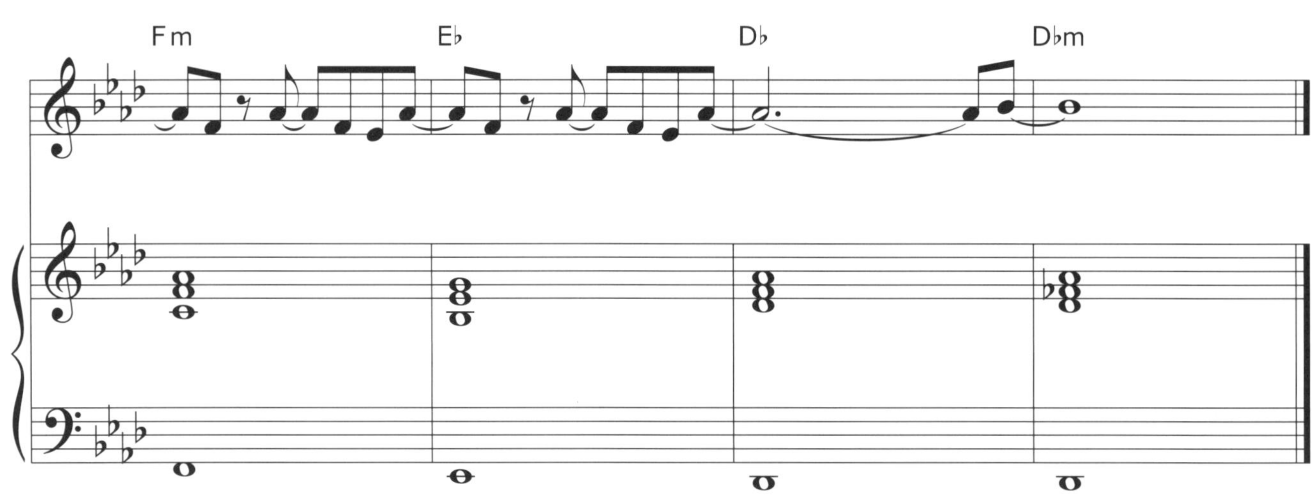

 오른손 반주에 음을 추가한 예시입니다.

이처럼 보이싱과 포함되는 음의 개수와 배치에 따라 같은 코드라도 서로 다른 공간감을 만들어낼 수 있습니다.

색감 확장 – sus2, add2 보이싱 활용

앞에서는 음과 음 사이의 간격을 조절하는 Closed, Open Voicing을 통해 같은 코드라도 **간격만으로 울림이 달라지는 과정**을 익혔습니다. 이번에는 구성음을 추가하거나 대체하는 방법을 통해 작은 변화가 사운드의 공간감과 감성에 어떤 영향을 주는지 살펴봅니다.

add2 보이싱이란?

add2 코드는 기본 3화음에 2도 음을 더한 형태입니다. 예를 들어 C코드(C–E–G)에 D음을 추가하면 Cadd2(C–D–E–G)가 됩니다.

즉, Cadd2 = C-D-E-G

차이를 더욱 극명하게 느끼려면 왼손을 옥타브로 잡아보신 뒤 연주해보세요.

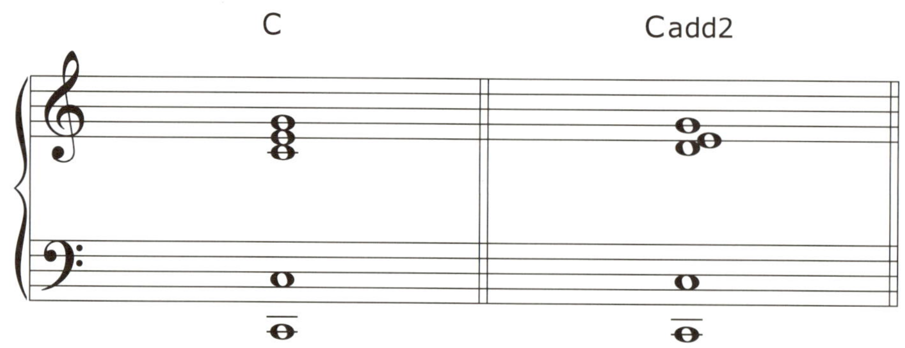

두번째 예시인 Cadd2 에서 오른손의 근음인 도(C)를 뺀 이유는 이미 왼손에서 2개나 누르고 있기 때문에 생략하는 경우도 많습니다. 정답은 없지만 자주 쓰는 보이싱들은 외워두시면 좋아요.

sus2 보이싱이란?

sus2는 기본 3화음에서 3번째 음(E)을 2번째 음(D)으로 바꾼 형태입니다.

즉, Csus2 = C-D-G

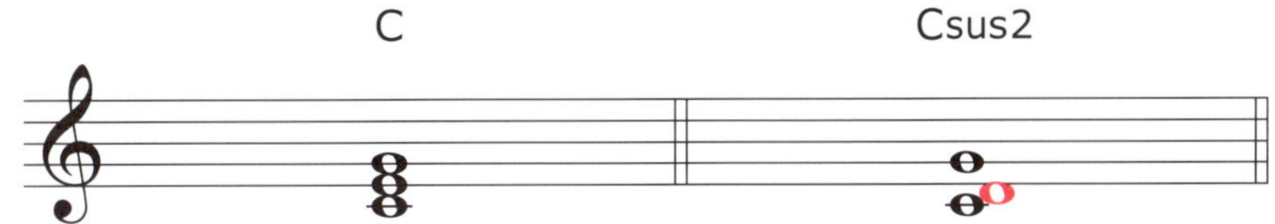

이 코드도 C Major 기본형과의 차이를 크게 느끼시려면 왼손을 옥타브로 잡아보세요.

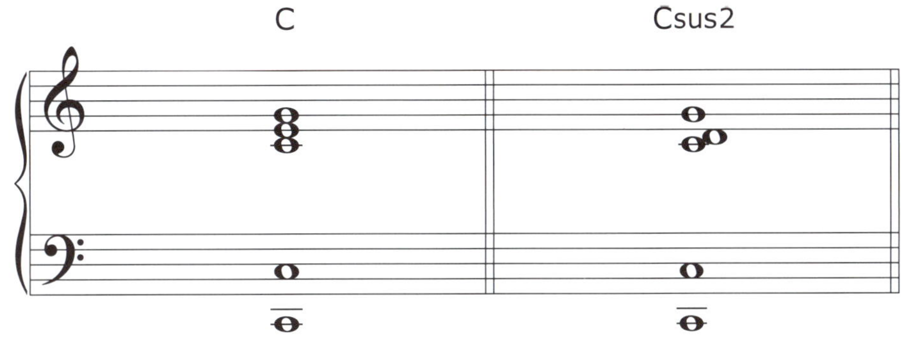

이 경우에 Cadd2 처럼 도(C) 음을 오른손에서 생략하지 않은 이유는 Csus2 보이싱 사운드의 핵심이 도(C), 레(D) 음이 온음으로 붙어 있는 울림에서 나오기 때문입니다. 다른 Key에서도 해당 코드들을 연습해보세요.

두 코드는 뭐가 다를까요?

자주 헷갈리는 부분이라 다시 한 번 정리해볼게요.

> • add2 → Major/minor 3화음 코드 + 2음 추가 (1,2,3,5)
> • sus2 → 3음을 빼고 2음으로 대체 (1,2,5)

add2와 sus2는 최근 팝, OST 등에서 많이 쓰이는 색감 보이싱입니다. 단 한 음만 더하거나 바꾸는 것만으로도 코드에서 느끼는 감정이 달라집니다.

이처럼 작은 변화만으로도 음악의 흐름에 생동감을 불어넣을 수 있습니다.

add2와 add9 쉽게 구분하기

헷갈리기 쉬운 add2와 add9의 차이를 간단하게 정리해볼게요.

두 코드는 같은 음을 쓰지만, 어디에 위치하느냐에 따라 느낌이 달라집니다.

C 코드를 예로 들어볼게요.

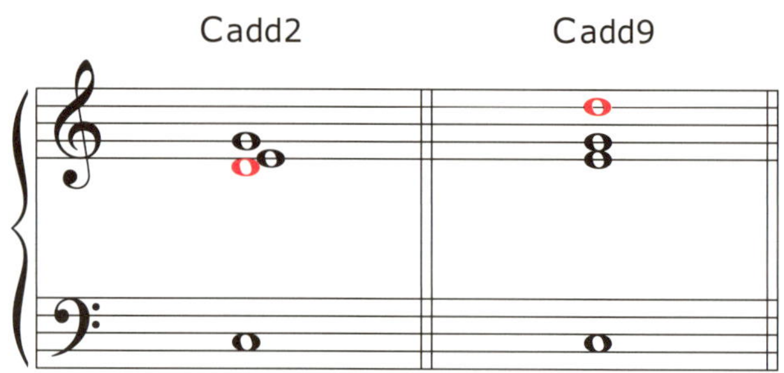

Cadd2는 2도 음(D)을 코드 바로 옆에 붙여서 부드럽고 가까운 느낌이 나고, Cadd9은 같은 음을 위로 올려서 넓고 시원하게 퍼지는 느낌을 만듭니다. 상황에 따라 섞어서 사용하셔도 같은 코드로 다른 사운드를 낼 수 있어서 효과적입니다. 이처럼 보이싱은 음을 어떻게 쌓느냐에 따라 사운드의 분위기가 섬세하게 달라지는 아주 매력적인 표현 방식이에요.

코드진행 예시를 통해 알아볼까요?

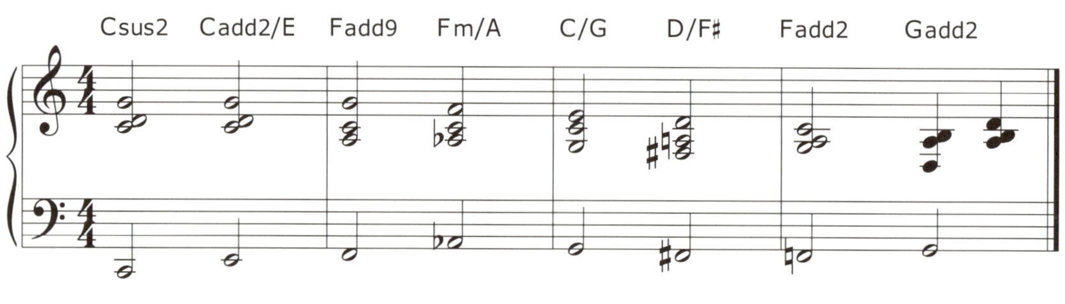

*add2, add9 12 Key 연습은 부록을 확인해 주세요.

04

코드의 첫인상을 결정하는
'탑 노트(Top Note)'

설명 & 연주 영상

여기서 꼭 알고 가야 할 새로운 개념!

보이싱 파트가 조금 길게 느껴질 수 있지만 이후에 코드 진행을 만들어 갈 때 꼭 필요한 내용입니다. 특히 지금 배우게 될 이 개념은 **보이싱을 이해하는 데 절대 빠질 수 없는 핵심 요소**이니 이 부분만큼은 꼭 기억해 두세요!

Top Note (탑 노트)

이 개념에 대해 들어보신 적 있나요? 탑 노트는 하나의 코드나 보이싱을 연주할 때 **가장 위에 위치한 음**을 의미합니다. 예를 들어 C 코드에서 오른손으로 C – E – G 를 눌렀다면 가장 위의 G가 탑 노트입니다.

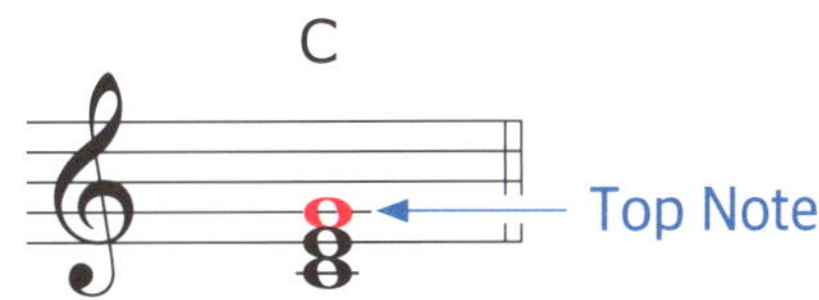

보이싱에서도 탑 노트는 코드에서 가장 잘 들리는 음이고, 보이싱의 사운드와 보컬과의 조화 여부를 크게 결정하는 핵심 요소예요. 예를 들어, 같은 코드라도 미(E)음을 탑 노트로 두면 안정적이고 도(C)를 탑 노트로 두면 곡이 마무리 되는 느낌이 더욱 강해져요. 아래 악보를 통해 탑노트를 확인해보세요.

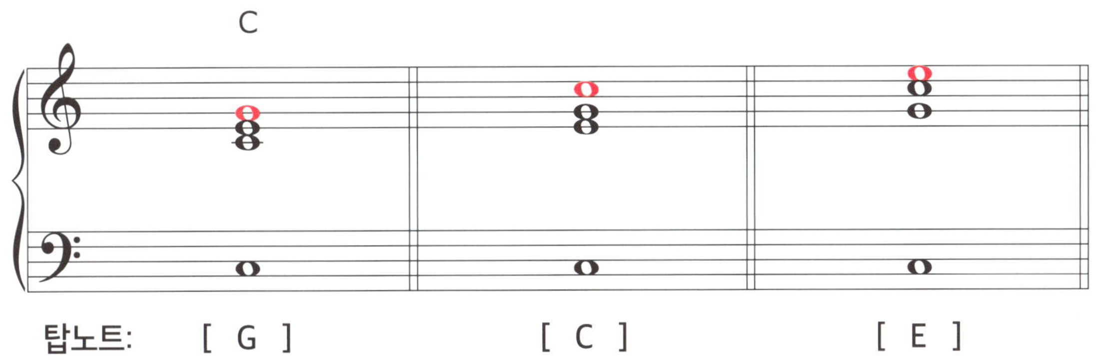

*왼손은 항상 C를 눌러 동일한 베이스를 유지한 상태로 연주해보세요.

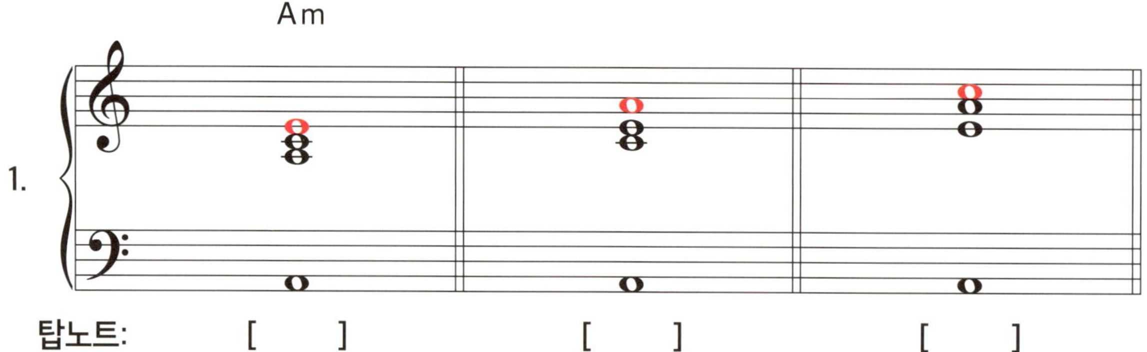

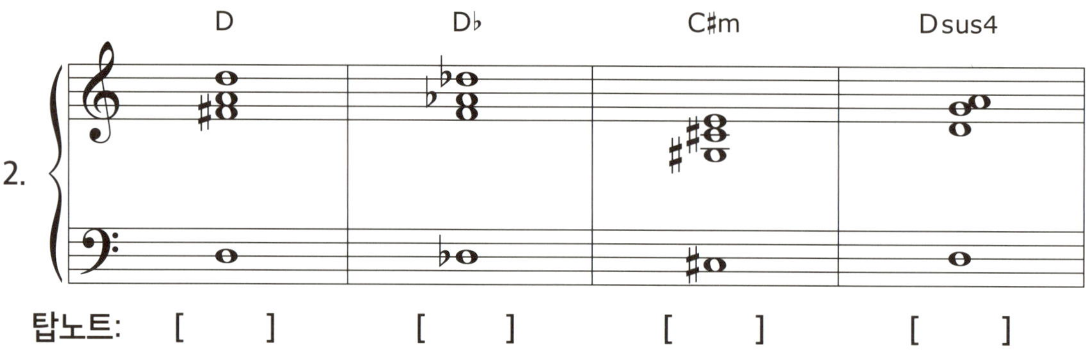

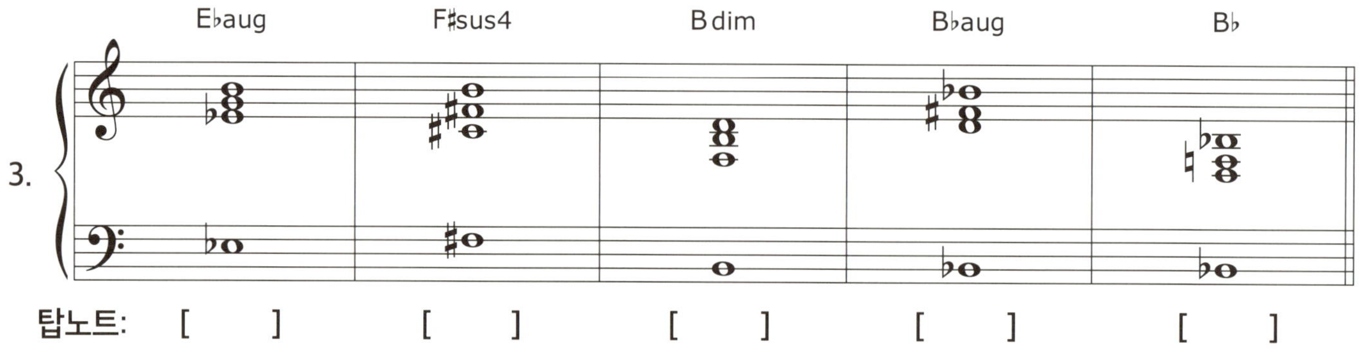

정답: 1. E, A, C   2. D, D♭, E, A   3. B, B, D, B♭, B♭

같은 코드 진행이라도 탑 노트에 따라 곡의 뉘앙스가 달라질 수 있습니다. 예시를 통해 하나씩 알아보겠습니다. 각 예시에서 윗줄과 아랫줄은 동일한 코드 진행을 사용하지만, 탑 노트만 다르게 구성되어 있습니다. 윗줄과 아랫줄을 비교해서 연주해보세요

예시 1

예시 2

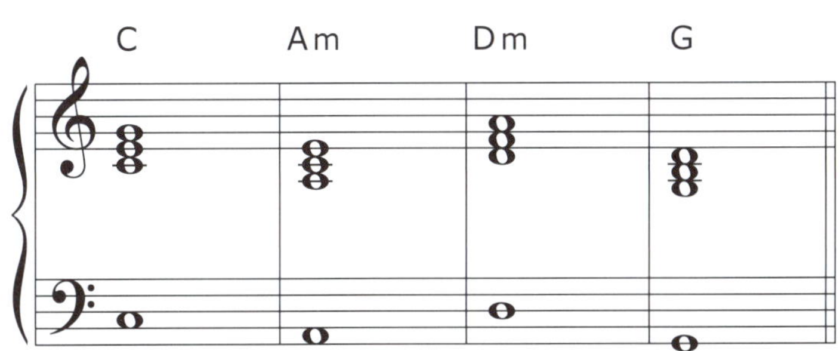

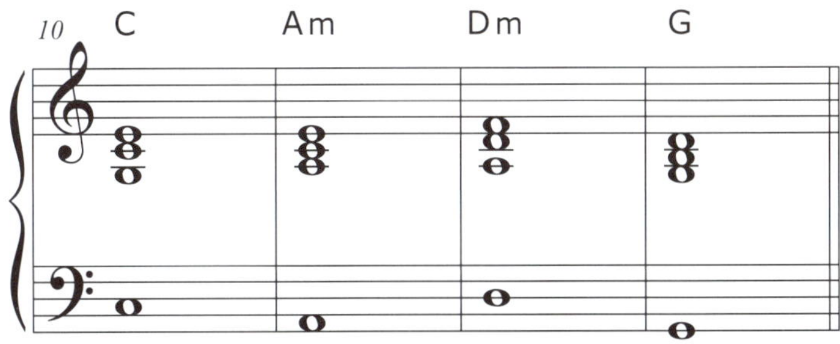

예시 3

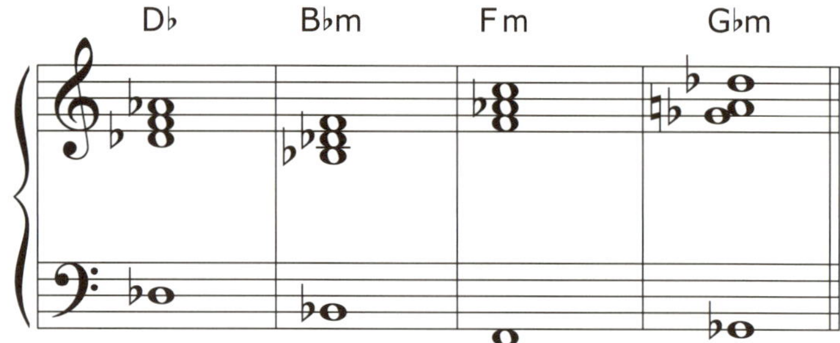
D♭   B♭m   Fm   G♭m

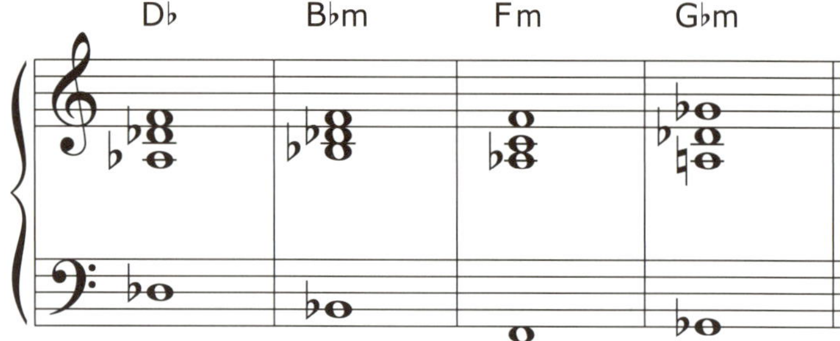
D♭   B♭m   Fm   G♭m

예시 4

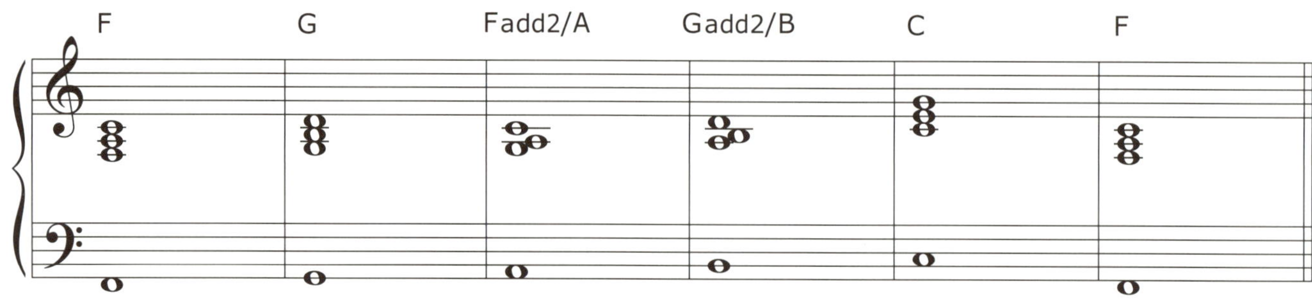
F   G   Fadd2/A   Gadd2/B   C   F

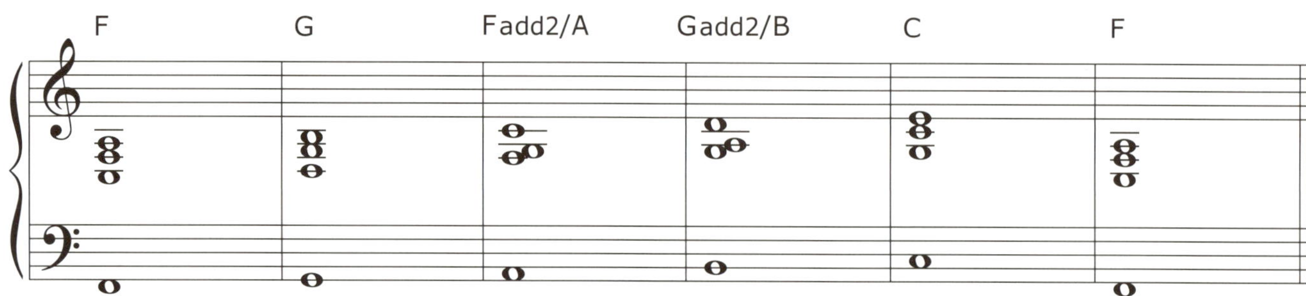
F   G   Fadd2/A   Gadd2/B   C   F

코드가 바뀌더라도 탑 노트를 일정하게 유지하면 곡의 중심이 흔들리지 않으면서 코드의 색감만 부드럽게 변화합니다. 아래 예시를 통해 같은 탑 노트를 유지한 채 코드가 어떻게 움직이는지 살펴보겠습니다.

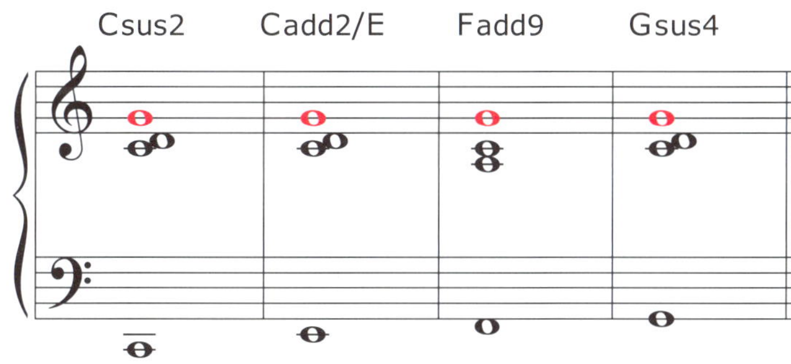

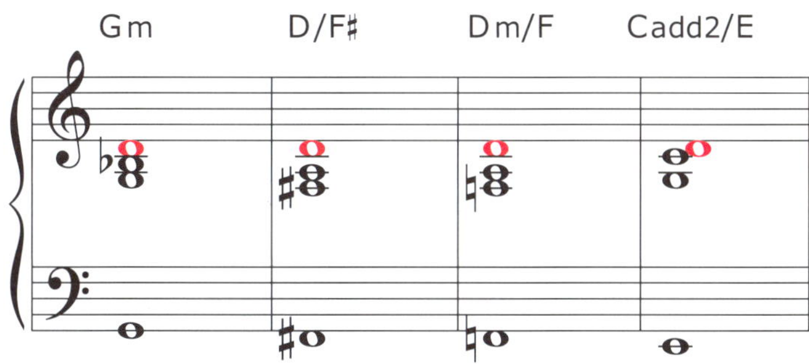

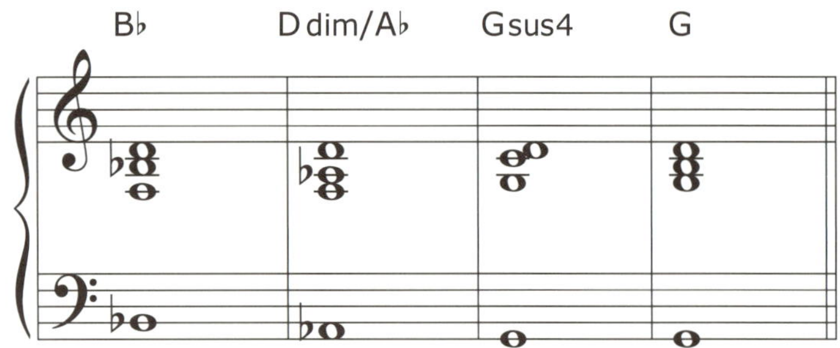

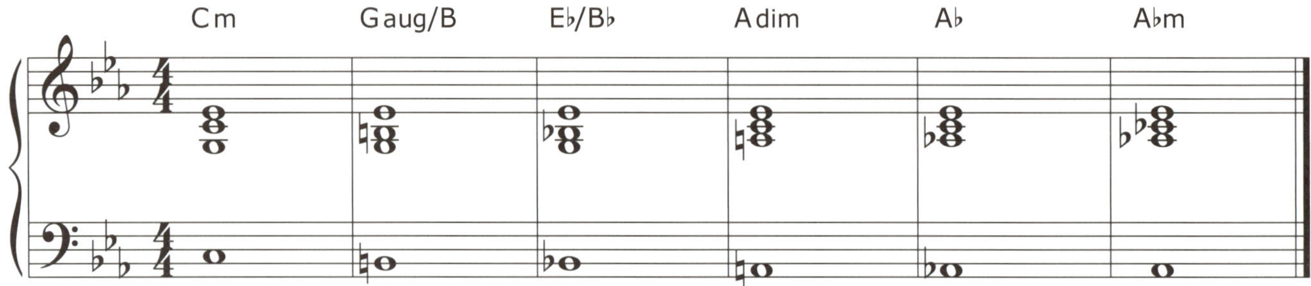

앞의 4마디는 탑노트를 미(E)로 유지해봤고, 뒤의 4마디는 파(F)로 유지해 진행을 연결해봤습니다.

이런 식으로 응용할 수도 있으니 여러분만의 방식으로 탑노트를 활용해 보이싱을 만들어 보세요.

Grade 4
분수코드 (Slash Chord)

목표: 분수코드의 개념을 이해하고,

다른 베이스 음을 활용해 코드진행의 흐름을 확장하는 방법을 익힙니다.

Chapter 01 분수코드는 뭘까요?

분수 코드의 개념 및 전위와의 차이점을 살펴봅니다.

Chapter 02 예시를 통해 알아보는 분수코드의 쓰임

분수코드가 실제 코드진행에서 어떻게 응용되는지 예시를 통해 연습해보겠습니다.

01 분수코드(Slash Chord)는 뭘까요?

설명 & 연주 영상

분수코드는 코드 / 베이스 음 형태로 표기되는 코드 기법입니다. 왼쪽에 적힌 코드는 오른손이 누를 코드 '/' 뒤에 적힌 음은 왼손이 연주할 베이스 음을 의미합니다. 기본 코드 위에 다른 베이스 음을 조합해 더 부드럽고 풍부한 화성을 만들거나 진행의 느낌에 변화를 줄 때 자주 사용됩니다.

BLUE

BIGBANG(빅뱅)

Q : 전위와 분수 코드는 뭐가 달라요? 비슷해 보여요!

A : 좋은 질문이에요! 딱 보면 비슷해 보이지만, 생각보다 간단하게 구분할 수 있어요.

- **전위**: 코드의 구성음은 그대로 두고 **베이스만 코드의 구성음 중 하나로 바뀐 경우**입니다.
- **분수 코드**: 넓은 의미로는 / 기호를 사용하는 코드를 말하며 전위와 달리 **코드 구성음에 없는 음을 베이스로 사용하는 경우**까지 포함 합니다.

이처럼 코드에 없는 음을 베이스로 사용하는 분수 코드는 하이브리드 코드(Hybrid Chord)라고 부르기도 합니다. 하이브리드 코드는 코드의 기능은 유지하면서도 베이스에 따라 전혀 다른 색감과 흐름을 만들 수 있다는 특징이 있습니다.

이러한 방식은 City Pop, R&B, Jazz, Funk 등 다양한 장르에서 보다 자연스럽고 감각적인 코드 진행을 만드는 데 자주 활용됩니다. 이 개념은 이후 **7th 코드와의 응용 과정에서** 더 자세히 다룰 예정이니 지금은 뒤에 나올 악보를 연주해 보며 느낌만 가볍게 살펴보세요.

02 예시를 통해 알아보는 분수코드의 쓰임

전위가 적용된 분수코드입니다. 직접 연주해보며 소리를 확인해보세요.

예시 1

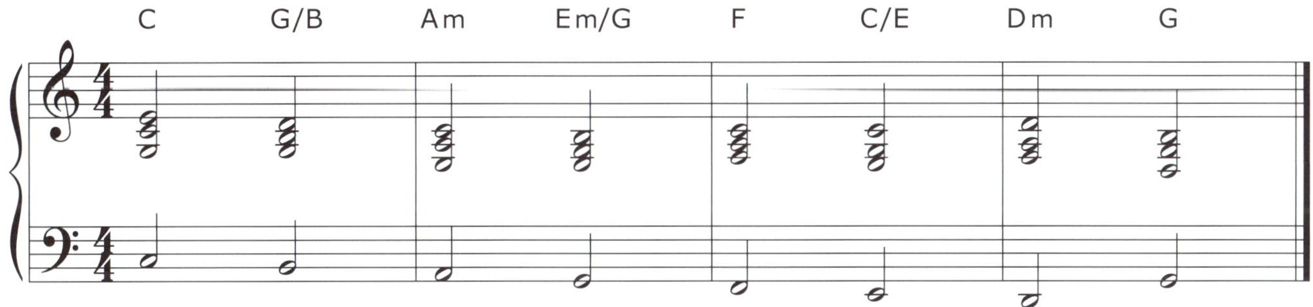

add2, add9 보이싱에 전위를 적용한 예시입니다.

예시 2

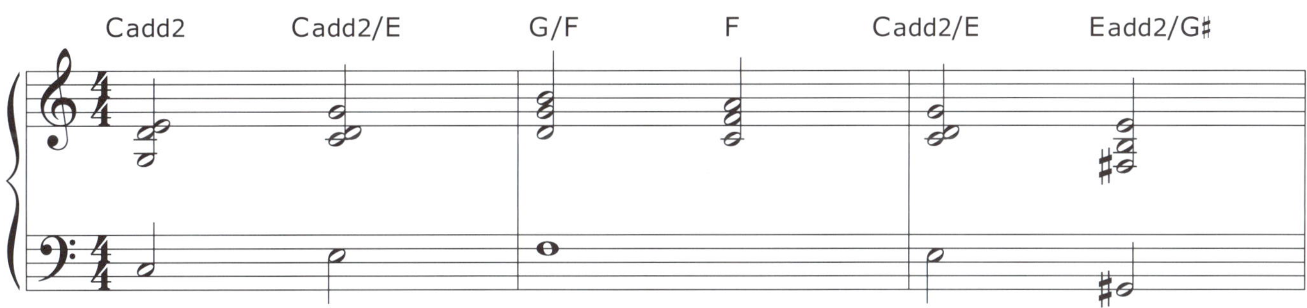

* 베이스가 같더라도 코드가 바뀌는 부분에서는 서스테인 페달을 한 번씩 떼었다가 다시 밟아 음이 겹치지 않도록 정리해 주세요.

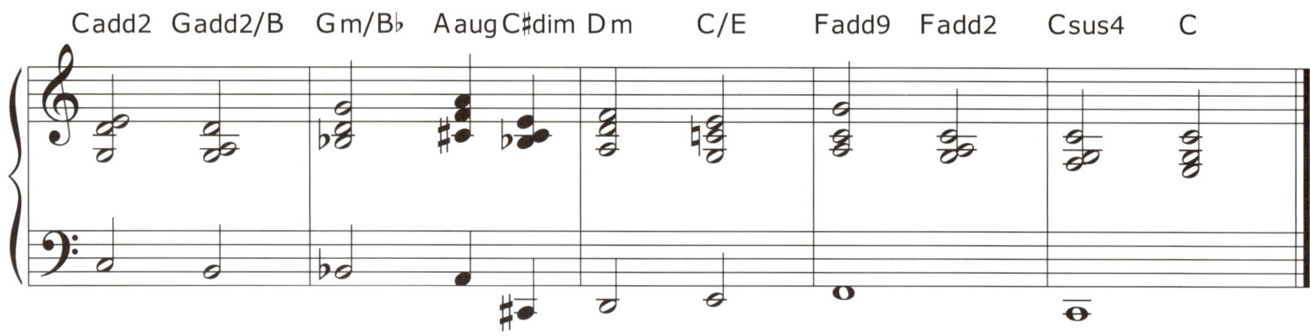

예를 들면 C/E와 C/B 두 코드는 표기상 같은 형태의 분수코드(Slash Chord)로 보이지만 실제로는 전혀 다른 역할과 느낌을 가집니다. 아래 예시를 직접 연주해보며 그 차이를 느껴보세요.

예시 4

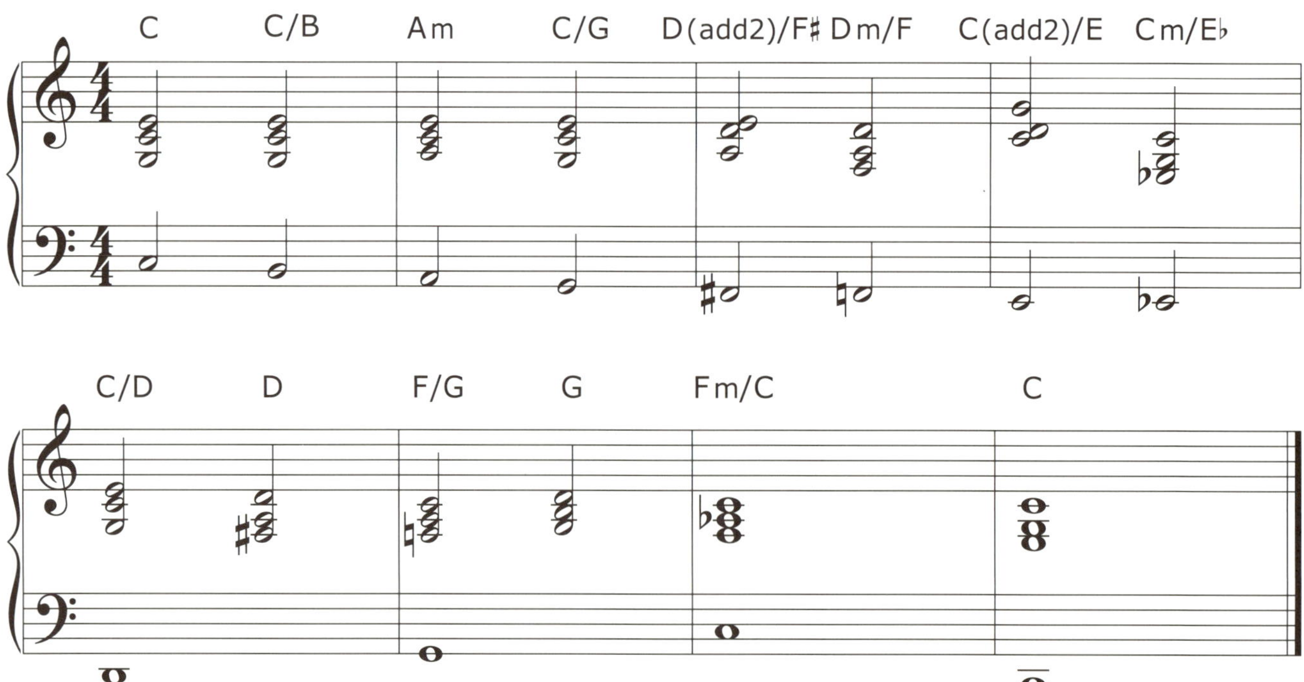

베이스를 어떻게 움직이느냐에 따라 곡의 분위기가 확 달라지기 때문에 특유의 부드러운 코드의 흐름과 세련된 긴장감을 만들 때 분수코드는 거의 필수에 가까운 기법입니다.

기본 개념을 확실히 잡아두면 나중에 실제 연습이나 작곡에서 이 기술을 훨씬 정확하고 효과적으로 활용할 수 있을 거예요.

분수 코드는 기본적으로 베이스 음을 지정하는 독립적인 개념이지만, 복잡한 확장 코드(텐션 코드)를 직관적으로 표기하기 위해 활용되기도 합니다. 예를 들어, 나중에 배울 7th 코드와 텐션 (Tension) 이라는 개념이 있는데, G9sus4라는 복잡한 이름 대신 F/G라고 표기하면 연주자는 훨씬 쉽고 빠르게 코드를 파악할 수 있죠. 물론 5음을 생략한 경우지만요. 복잡한 화성을 단순한 기호로 치환해주는 이 매력적인 방법은 실제 악보에서 정말 자주 쓰이니 꼭 기억해두세요!

다음 곡도 같이 연습해볼까요?

annie.

① 코드 진행 + 멜로디 익히기

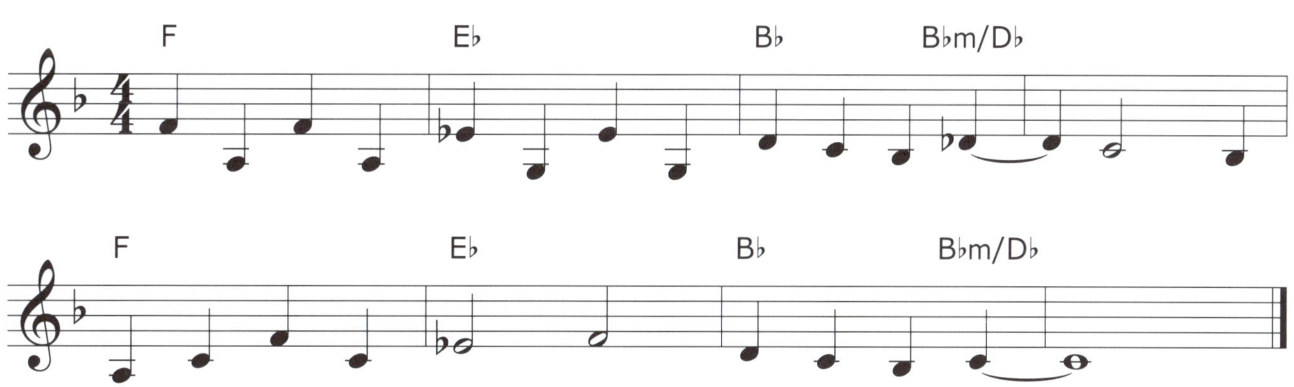

코드 진행과 멜로디까지는 떠올릴 수 있지만 그 다음 단계인 **양손 연주가 바로 떠오르지 않는 것**은 전혀 이상한 일이 아닙니다.

보이싱이나 양손을 어떻게 나누어 연주할지까지 자연스럽게 떠올리기에는 아직 충분한 경험이 쌓이지 않았기 때문입니다. 그래서 이 단계에서는 곡을 완성하려 하기보다 **양손 연주 자체를 많이 경험해보는 것**이 중요합니다.

4~8마디 정도의 짧은 코드 진행을 기준으로 왼손과 오른손의 역할을 나누어 반복 연습해보세요. 또한 다양한 예제를 직접 카피해보거나 3단 악보를 보며 양손의 움직임을 그대로 따라 연주해보는 연습도 큰 도움이 됩니다.

이러한 경험이 쌓일수록 양손의 분배와 보이싱도 점점 자연스럽게 연결될 것입니다.

Grade 5

양손 분리 연주
(Two-Hand Coordination)

목표: 왼손과 오른손을 결합해 실전적인 연주 구현

Chapter 01 양손 분리 연주란 무엇일까요?

양손을 각각 다른 역할로 나누어, 이를 동시에 표현하는 방법을 배웁니다.

코드 보이싱만 연주했을 때 아쉬움을 느꼈거나, 양손 연주가 어렵게 느껴졌던 분들께 도움이 되고자 구성한 챕터입니다.

Chapter 02 실전 곡을 통해 알아보는 1-5 보이싱과 양손 분리 연주

ROSÉ & Bruno Mars, WOODZ의 곡을 통해 왼손 1-5 보이싱을 적용하여 양손 분리 연주를 익혀봅니다.

양손 분리 연주는 무엇일까요?
(How to Play Piano with Two Hands)

양손 분리 연주는 왼손과 오른손이 각자 다른 역할을 맡아 동시에 하나의 코드 사운드를 만들어내는 연주 방식이에요. 지금까지는 주로 코드 보이싱을 중심으로 살펴봤다면 이제부터는 그 보이싱을 실제 연주 안에서 어떻게 배치하고 연결하는지를 배우는 단계입니다.

단순히 양손을 따로 움직이는 연습이 아니라 두 손이 서로를 보완하면서 하나의 사운드로 자연스럽게 들리도록 만드는 기술이라고 보시면 됩니다.

Q : 코드는 꼭 양손으로 분리해서 연주해야 하나요?

A : 예리한 질문이에요!

이 부분은 사실 목적에 따라 다릅니다.

예를 들어, 왼손으로는 근음만 누르고 오른손에서 나머지 코드 구성음을 연주할 수도 있고, 오른손에서 코드 구성음과 멜로디를 동시에 연주하고 싶을 때는 한 손으로 모든 음을 잡기엔 손가락이 부족하게 느껴질 수도 있어요.

연주하고 작곡하는 경험이 쌓일수록, 왼손과 오른손이 역할을 나누어 힘을 합쳐 연주하는 것이 한 손만으로 연주하는 것보다 훨씬 수월하게 느껴지는 순간들도 점점 많아질 거예요.

다만 피아노를 처음 배울 때는 오른손으로 멜로디를 연주하면서 코드를 치거나 왼손으로 근음을 누르며 베이스 라인을 함께 연주하는 것이 어렵게 느껴지는 경우가 많습니다.

물론 다양한 곡을 많이 경험하는 것이 가장 좋은 연습이지만 다른 곡에서 했던 연습이 나의 코드 반주에 바로 적용되는 건 또 다른 문제이기 때문에 이 지점에서 고민하시는 분들도 많을 거예요.

그래서 이번 챕터에서는 양손 분리 연주를 간단한 방식으로 먼저 학습하고 앞으로 나올 예제들을 통해 직접 연주하며 감각을 익혀보려고 합니다.

사운드는 추상적이고, 상황에 따라 조금씩 달라지기 때문에 이 부분에는 하나의 정답이 존재하지 않는다는 점도 함께 기억해 두시면 좋아요. 정답에 가장 가까운 것은 **수많은 곡을 연주하고, 고쳐 보고, 다시 들어본 여러분의 감각**이 될 거예요. 이론도 중요하지만 음을 하나씩 추가하고 빼 보며 귀로 직접 들어보는 연습을 꼭 병행해 보세요.

이제 실제 곡을 통해 양손 연주를 연습해보겠습니다.

이번 예제에서는 G-DRAGON의 〈삐딱하게〉 인트로를 활용했습니다. 이 파트의 핵심은 오른손과 왼손이 각각 멜로디와 반주를 나누어 연주하는 것이 아니라, 코드의 음과 멜로디 음이 서로 섞여 양손에 자연스럽게 분배되는 데 있습니다.

색으로 표시된 부분을 보면 코드를 이루는 음과 멜로디 음이 양손에 나누어 배치되어 있는 것을 확인할 수 있습니다.

이와 같은 방식은 실제 연주에서 매우 자주 사용되며, 보다 풍부하고 유기적인 사운드를 만들어냅니다.

먼저 코드 진행을 확인하고 멜로디를 따로 연습한 뒤 마지막으로 두 손을 함께 사용해 연주해보세요.

설명 & 연주 영상

삐딱하게

G-DRAGON

1. 코드진행을 먼저 연주해볼까요?

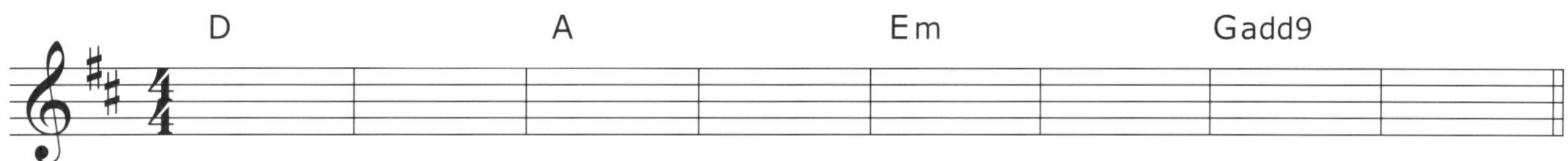

2. 멜로디만 따로 연습해볼까요?

3. 악보를 보고 천천히 양손 연주를 해볼까요? 왼손도 따로 연습한 뒤 합쳐보세요.

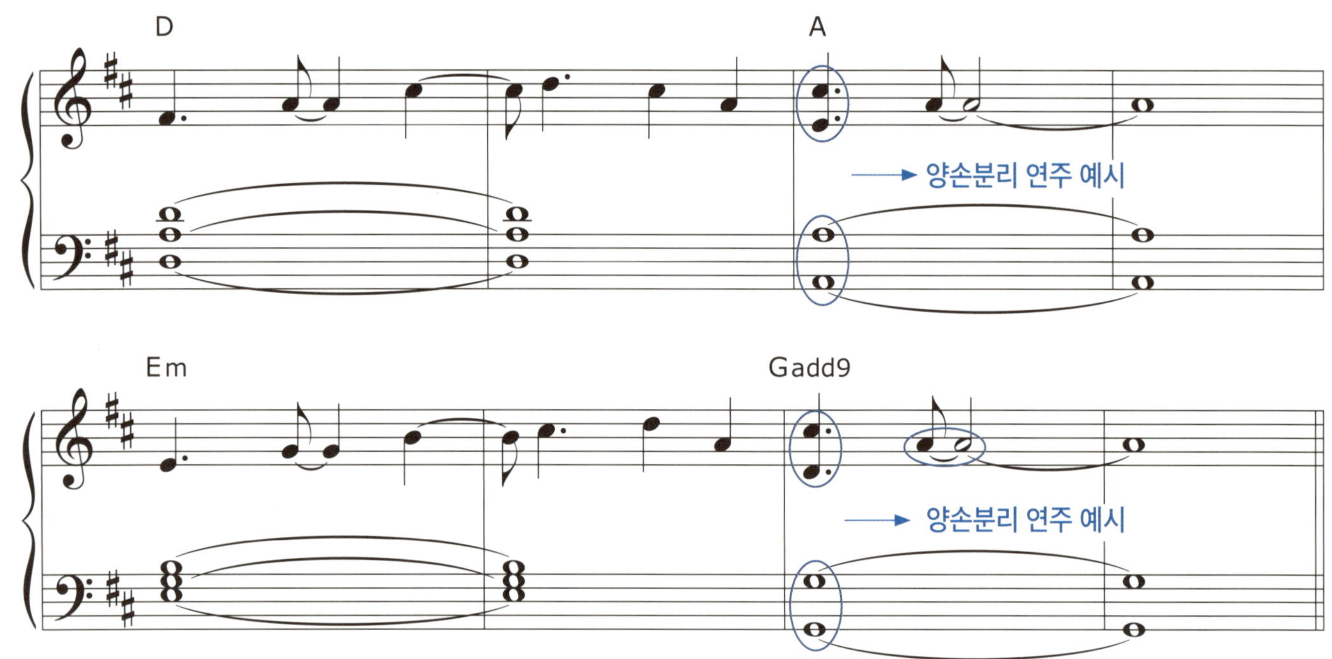

실전 곡을 통해 알아보는
1-5 보이싱 & 양손 분리 연주

오늘은 로제(ROSÉ)와 Bruno Mars의 〈APT.〉에 등장하는 코드 진행을 통해 왼손 1-5 보이싱을 연습해보겠습니다.

이 노래는 중독적인 훅(Hook)으로 많은 분들이 한 번쯤 따라 불러보셨을 거예요.

이번에는 로제(ROSÉ)의 보컬 파트에 사용된 코드를 바탕으로, 왼손 1-5 보이싱과 양손 연주를 함께 연습해보겠습니다. 1-5 보이싱은 코드 구성음 중 루트(1도)와 5도를 중심으로 활용해 사운드를 채우는 방식으로, 전체 사운드를 더 넓고 안정감 있게 만들어줍니다. 먼저 코드 진행을 확인한 뒤 기본 보이싱을 연습한 뒤, 3번 예제를 통해 왼손에 1-5 보이싱을 적용한 사운드의 변화를 느껴보세요. 마지막으로 멜로디를 더해 양손으로 연주하며, 각 요소가 어떻게 어우러지는지 직접 확인해보시기 바랍니다.

아래 순서에 따라 예제를 연주해보세요.

설명 & 연주 영상

APT.

ROSÉ, Bruno Mars

1. 코드진행을 기본자리로 연주해보세요.

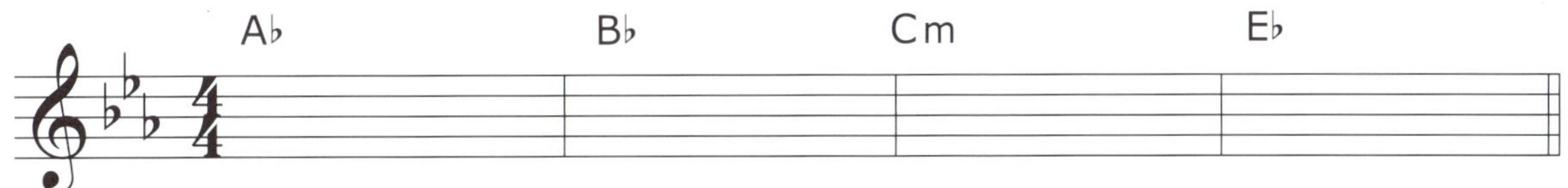

2. 코드 보이싱을 만들어봤습니다. 악보를 보고 똑같이 연주해보세요

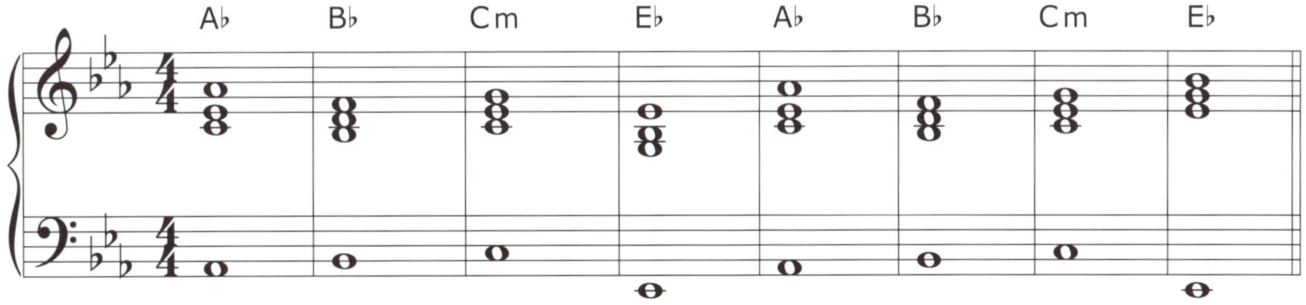

3. 이번에는 왼손 1,5 보이싱을 적용해서 연주해볼게요.

모든 코드에 1-5 보이싱을 무조건 넣기보다는 곡의 흐름에 맞게 균형 있게 섞어서 구성했습니다.

악보 또는 영상 예시를 보면서 천천히 따라 해보세요.

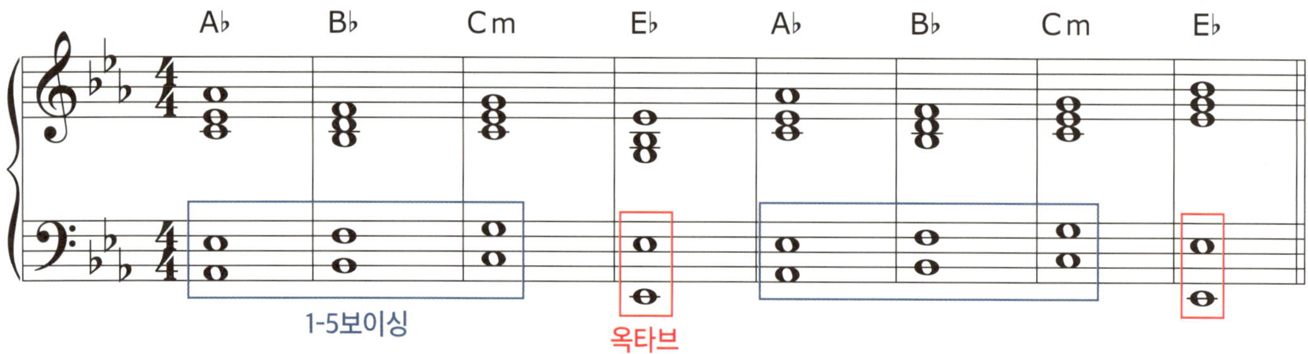

4. 이번에는 멜로디를 추가해서 연주해볼게요. 손가락 번호에 유의해서 연습해보세요.

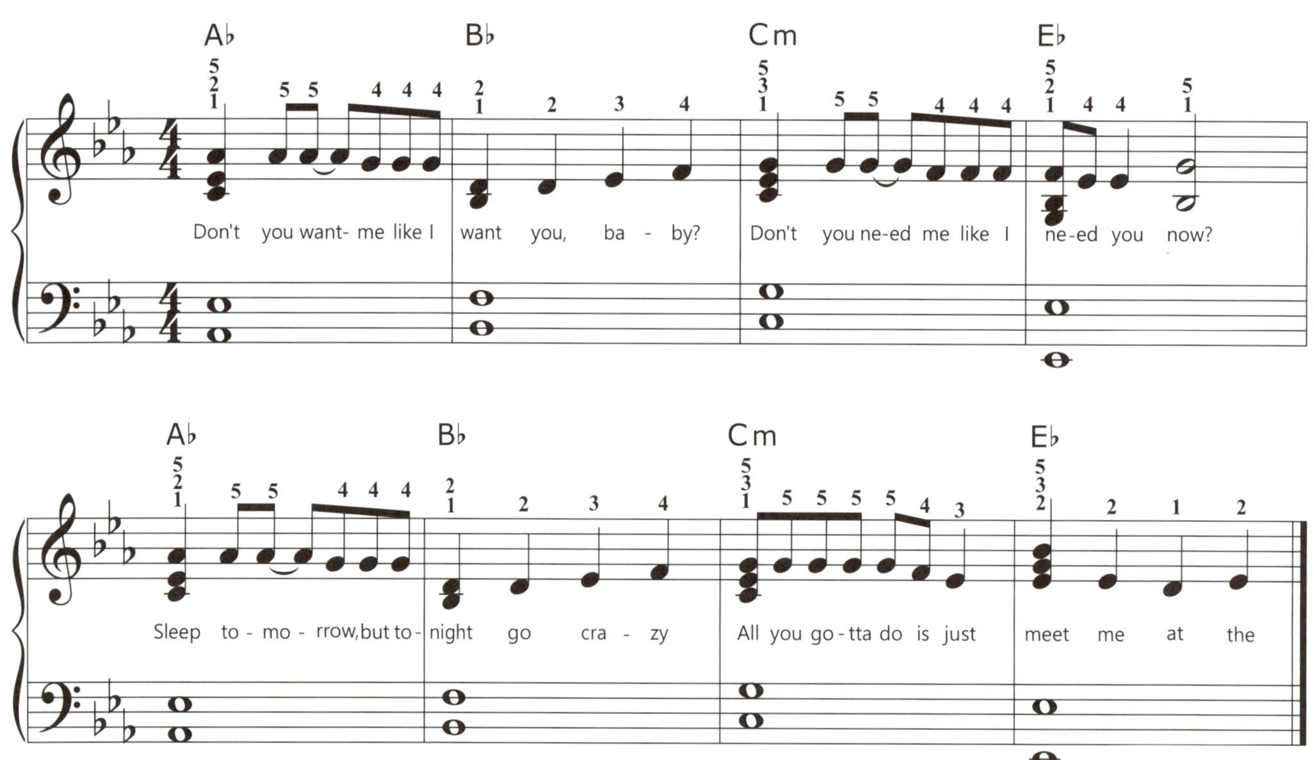

처음에 나오는 Ab 코드의 왼손에서는 Ab Major Scale의 1도와 5도(Ab, Eb)를 잡고 있죠. 근음인 Ab 만 눌렀을 때와 비교해 보면 사운드가 조금 더 꽉 차는 느낌을 받으실 거예요.

오른손은 멜로디와 함께 연주하면서 코드 톤의 일부를 같이 눌러주고 있습니다. 실제 연주에서는 코드 보이싱만 따로 누르기보다는 이처럼 멜로디와 함께 구성되는 경우도 많습니다. 처음부터 멜로디까지 모두 소화하기 어렵다면 첫 박의 코드 보이싱만이라도 먼저 연습해보세요. 그것만으로도 연주 감각을 익히는 데 큰 도움이 될 거예요.

이번의 보이싱 파트에서 연습했던 곡 〈Drowning〉에도 적용해 실습해볼까요?

먼저 배웠던 보이싱을 연주해보고, 왼손에 1–5 보이싱을 적용해 사운드를 비교해 보세요.

Drowning

WOODZ

1. 기존 보이싱

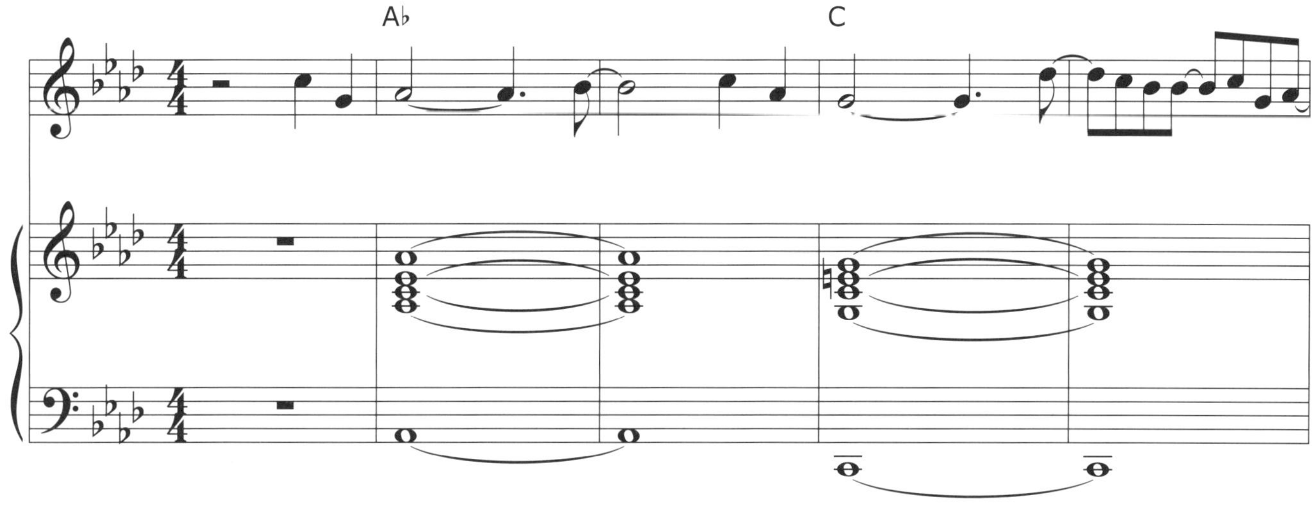

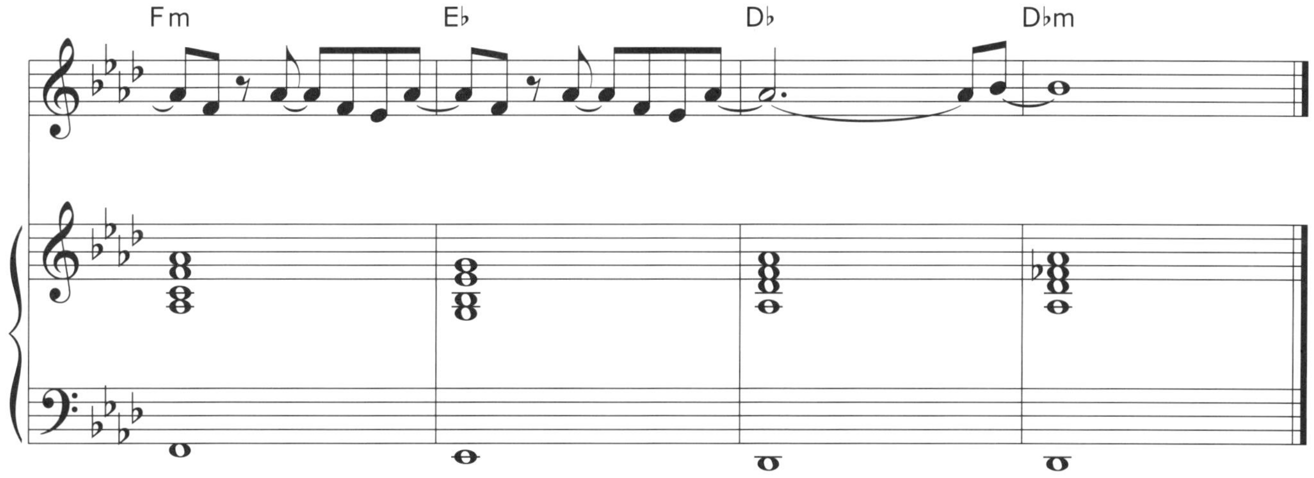

2. 1-5 보이싱이 적용된 사운드

적용 전과 후의 차이를 느끼셨나요?

큰 차이는 아닐 수 있지만 이처럼 작은 차이를 느끼고 구분하는 연습만으로도 연주 감각을 기르는 데 도움

이 됩니다.

코드진행 예시를 통한 복습

지금까지 배운 분수코드와 보이싱을 적용해 양손 연주로 실전 연습을 해보겠습니다.

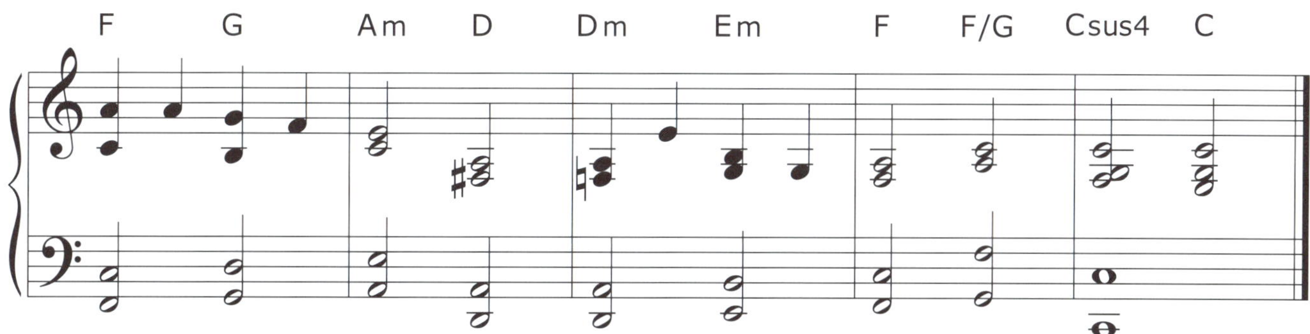

멜로디와 코드를 칠 수 있다면, 왼손부터 천천히 만들어보세요.

곡의 멜로디를 오른손으로 연주할 수 있고, 코드 진행도 어느 정도 따라 칠 수 있다면 이제 왼손을 하나씩 쌓아가는 방식으로 연습해보세요.

1. 왼손은 루트(1도)만 먼저 눌러보기

   - 리듬은 단순하게, 박자만 맞춰 연주해도 충분합니다.

2. 루트 + 5도(1-5)로 확장하기

   - 사운드가 훨씬 넓고 안정감 있게 들려요. 조금 더 채우고 싶다면 1-5-8도 좋은 선택입니다.

     여기서 8은 옥타브를 의미하며, 루트 음을 한 번 더 쌓아주는 방식이에요. C Major로 예를 들면 '도-솔-도'가 되겠죠. 항상 모든 곡에 이 보이싱이 그대로 적용되는 것은 아니고 편곡과 원하는 사운드에 따라 적절히 조정해야 하겠죠?

     하지만 평소에 이런 재료들을 미리 쌓아두면 나중에 곡의 아이디어를 발전시키거나 편곡할 때 매우 유용하게 활용할 수 있습니다.

     먼저 Major와 Minor 코드를 기준으로 왼손 1-5 보이싱을 12 Key로 차근차근 연습해보세요.

이번 챕터에서는 기본 코드 악보부터 멜로디를 더한 양손 분리 연주까지 총 4단계에 걸쳐 연습해 보았습니다. 처음에는 조금 낯설게 느껴질 수도 있지만 너무 걱정하지 않으셔도 됩니다. 다른 코드 진행들도 이와 같은 방식으로 계속 연습하다 보면 왼손과 오른손의 역할이 자연스럽게 연결되어 인식되기 시작할 거예요. 그 시점부터는 단순히 기본 코드만 누르는 것이 아니라 보이싱을 고려하며 멜로디를 짚는 방식이 훨씬 익숙해질 것입니다. 이 감각이 자리 잡기 시작했다면 양손 연주는 이미 반 이상 익혔다고 보셔도 좋아요.

다만 몇 가지 진행만 반복한다고 바로 손에 붙지는 않아요. 조금 더 길게 보고 무리하지 않으면서 단계별로 천천히 쌓아가는 것이 가장 확실한 방법이에요. 꾸준히 연습하다 보면 어느 순간 자연스럽게 손이 움직이는 경험을 하게 되실 거예요.

**이제 양손으로 보이싱과 멜로디를 자연스럽게 이어가는 감각을 익히셨다면,
다음 단계는 리듬을 적용해 생동감있게 만드는 과정입니다.**

코드를 어떻게 누르느냐도 중요하지만,

리듬을 어떻게 배치하느냐에 따라 같은 진행도 전혀 다른 느낌을 만들 수 있어요.

다음 파트에서는 여러 가지 기본 리듬 패턴을 코드진행에 적용하는 방법을 배워볼거예요.

Grade 6
리듬 패턴 (Rhythm Pattern)

목표: 코드진행에 리듬 패턴을 적용해 반주에 생동감을 더합니다.

Chapter 01 4 Beat 리듬 패턴 배우기

가장 기본적이면서도 다양한 곡에 널리 사용되는 4 Beat 리듬을 익혀봅니다.

Chapter 02 8 Beat 리듬 패턴 배우기

보다 리드미컬한 움직임이 생기는 8 Beat 를 익히고 연주해보겠습니다.

Chapter 03 아르페지오 패턴 배우기

코드를 풀어서 연주하는 아르페지오 주법을 배우고 연습해보겠습니다.

Chapter 04 16 Beat 리듬 패턴 배우기

세밀한 리듬 표현이 가능한 16 Beat 리듬 패턴을 익히고 다양한 주법에 적용해보겠습니다.

Chapter 05 당김음 (Syncopation) 활용하기

아주 간단한 방식으로 연주에 생동감을 만들어주는 당김음을 실전 곡을 통해 알아보겠습니다.

4 Beat 리듬 패턴 배우기

가장 기본적이면서도 다양한 곡에서 널리 사용되는 리듬이 4 Beat 패턴입니다. 여러분들에게도 가장 익숙한 패턴일거에요. 한 마디를 네 개로 나눈다고 생각하면 쉽습니다. 아래 그림을 볼까요?

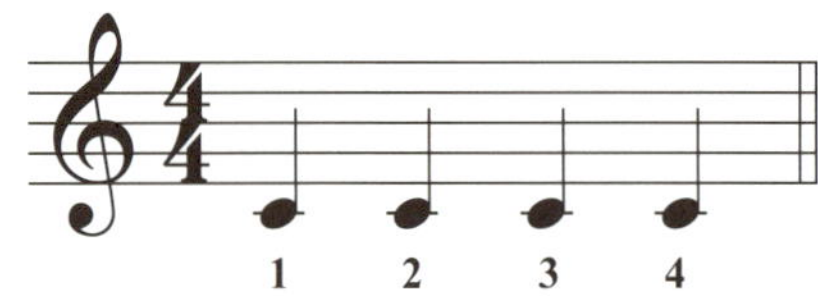

박자를 보면 자연스럽게 **하나, 둘, 셋, 넷**으로 세게 되죠? 4 Beat 패턴에서는 이 네 박에 맞춰 피아노 코드를 일정한 박자에 맞춰 눌러주는 것이 핵심입니다.

이제 아래 예시를 카운트에 맞춰 한 박씩 눌러보면서 4 Beat 패턴을 직접 느껴볼까요?

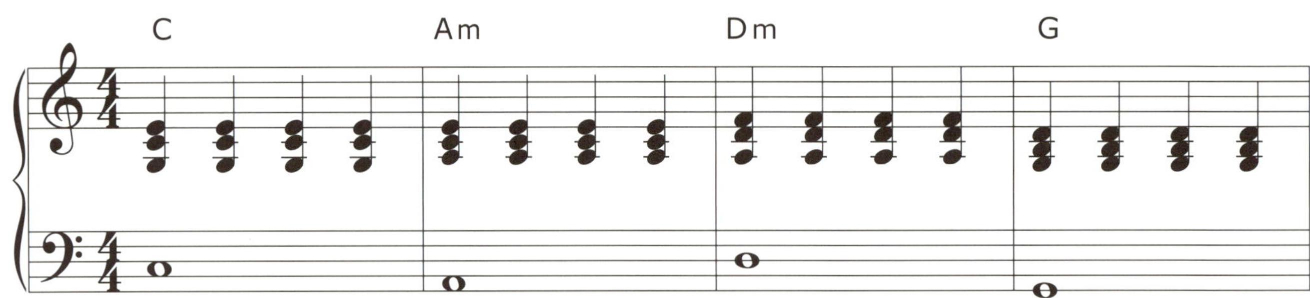

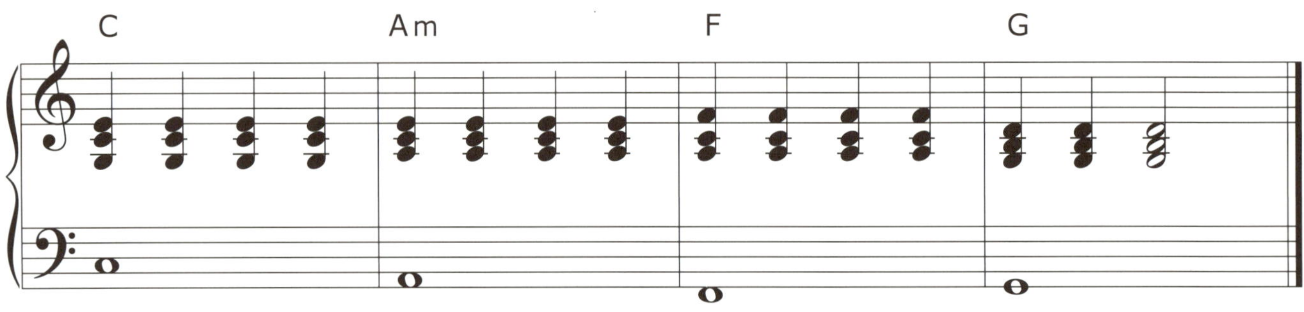

굉장히 친숙한 패턴이죠? 코드 반주의 가장 기본적인 패턴이라고 생각하셔도 좋아요. 몇 가지 예시와 함께 연습해볼게요.

1. 기본 4 Beat 패턴 연습하기

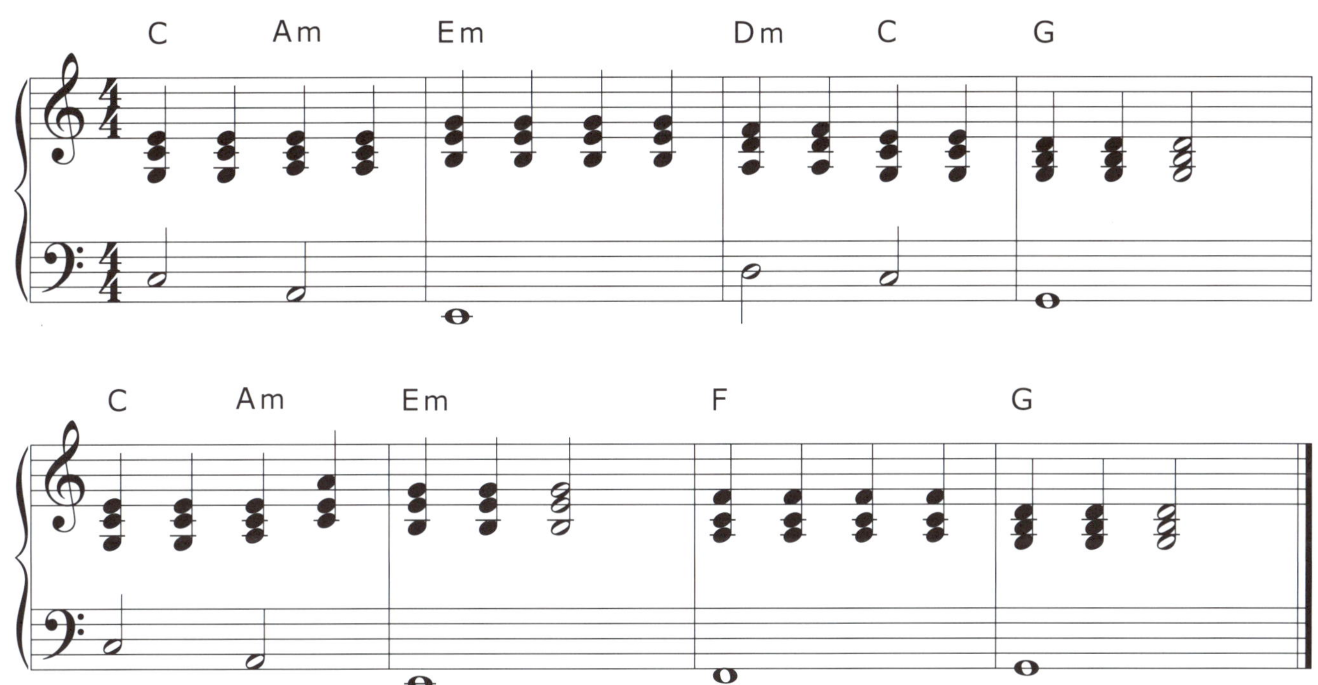

*코드가 바뀔 때마다 페달 변경에 유의해서 연주해보세요.

2. 코드가 바뀌는 간격을 줄여서 흐름에 활기를 넣기

이번 예시 역시 기본적인 4 Beat 패턴이지만 전체적으로 코드를 2박 단위로 보다 촘촘하게 배치하여 진행에 생동감을 더했습니다.

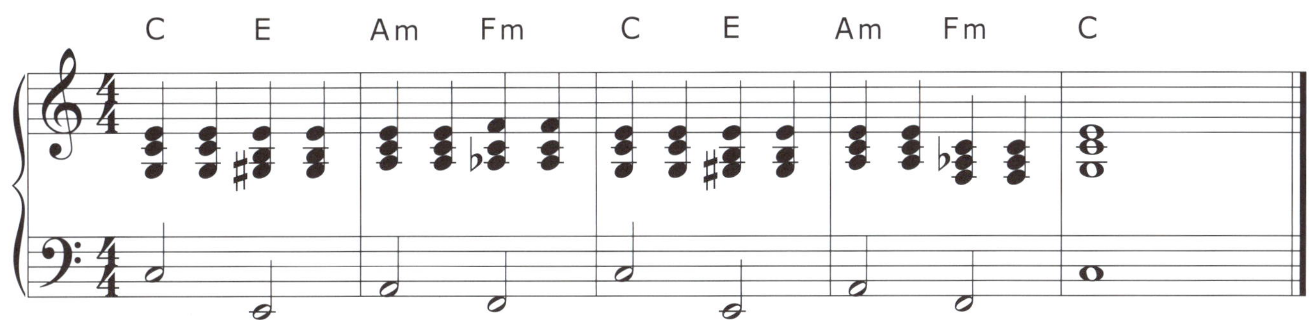

*QR 을 보시고 강약을 신경쓰면서 연습하며 차이를 느껴보세요.

이번 예시에서는 팝 발라드 스타일의 기본 4 Beat 위에 분수코드를 더해 보다 풍부한 흐름을 만들었습니다. 기본적인 3화음 구조에서 한 걸음 나아가 코드 진행의 흐름을 부드럽게 연결해주는 요소들을 적용해보며 점점 음악적인 질감이 만들어지는 과정을 확인할 수 있습니다.

아래 예시들을 통해 연습해볼까요?

예시 1

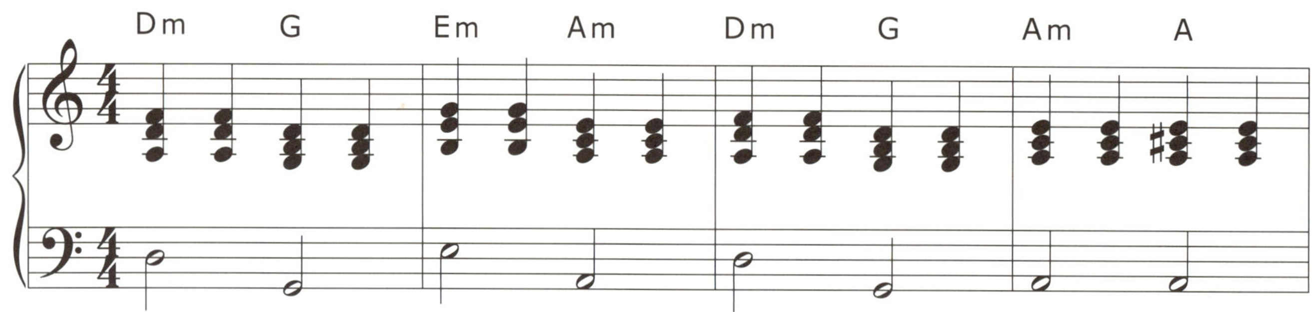

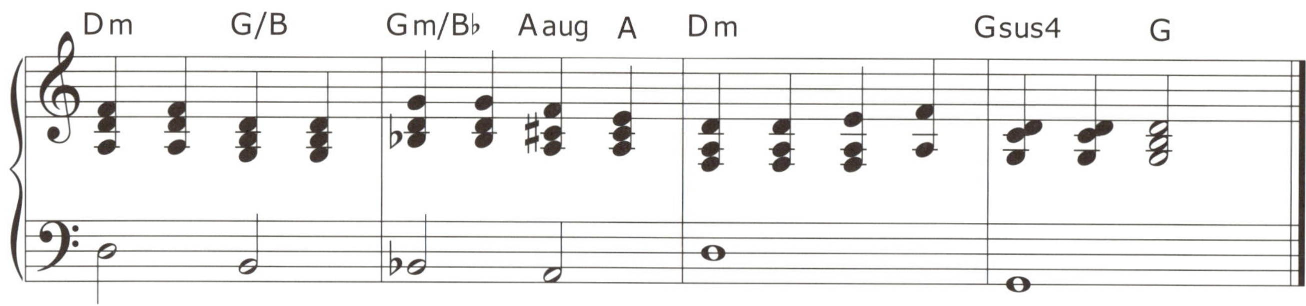

예시 2

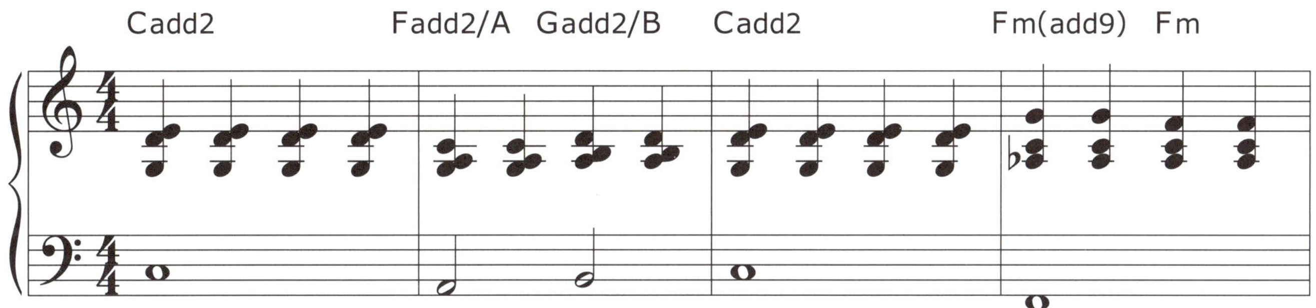
Cadd2   Fadd2/A Gadd2/B   Cadd2   Fm(add9) Fm

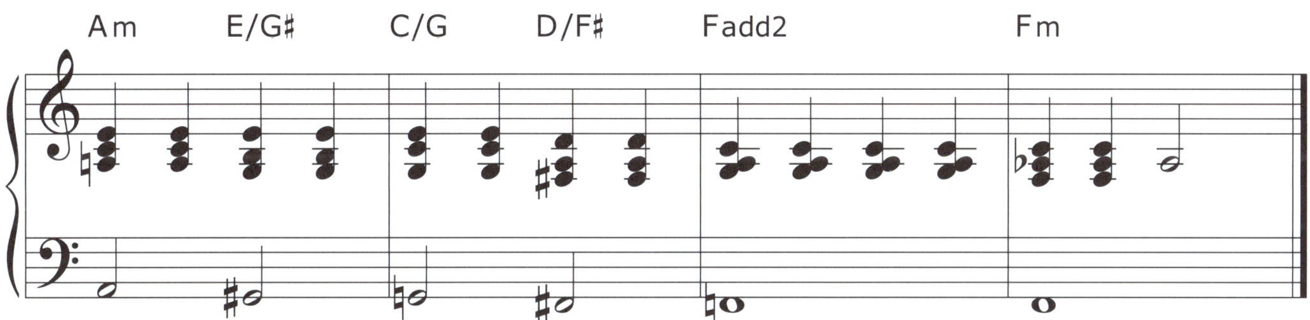
Am   E/G#   C/G   D/F#   Fadd2   Fm

예시 3

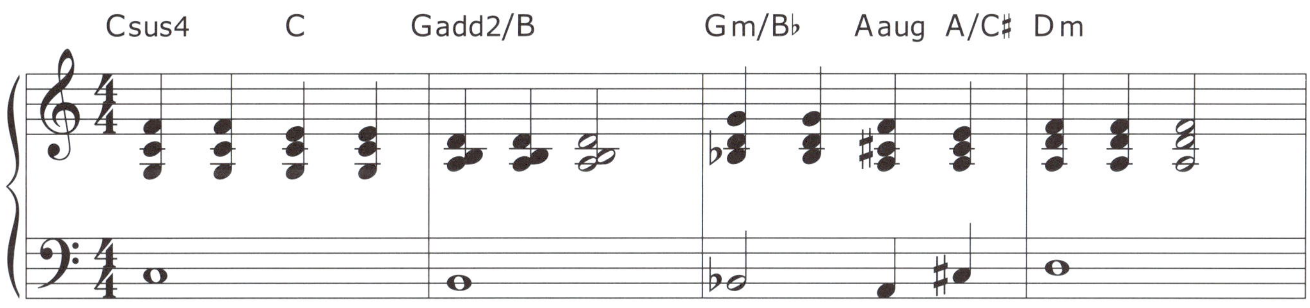
Csus4   C   Gadd2/B   Gm/B♭   Aaug A/C# Dm

Bdim   E G#dim Am   D   F   Fm

앞에서는 **오른손 코드**를 중심으로 4 Beat 리듬을 표현했다면 이번에는 **왼손 베이스**로 4 Beat를 만들어내는 또 다른 예시를 살펴봅니다.

아래 악보는 Charlie Puth의 〈That's Hilarious〉 인트로에 사용된 패턴으로 같은 4 Beat라도 어떤 손이 리듬을 담당하느냐에 따라 곡의 느낌이 어떻게 달라지는지에 집중해 연습해보세요.

That's Hilarious

Charile Puth

1. 코드진행

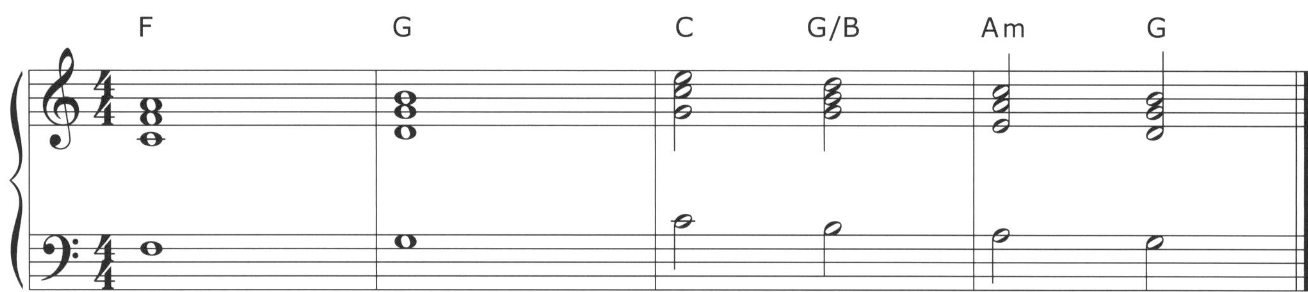

2. 왼손 베이스 리듬 적용 예시

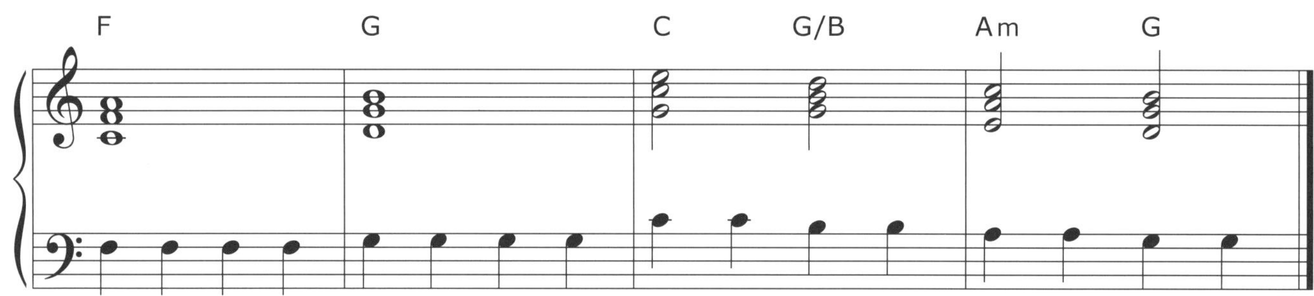

* 원곡은 Gb Key이지만 연습 난이도를 고려해 C Key로 변형하여 수록했습니다.

8 Beat 리듬 패턴 배우기

8 Beat는 4 Beat를 반으로 나눈 리듬 구조입니다. 4/4 박자 안에서 8분음표 중심으로 리듬이 구성되는 스타일을 말하는데요. 한 박을 두 번으로 쪼개서 연주하기 때문에 보다 리드미컬한 움직임이 생깁니다.

보통 **원-앤**, **투-앤**, **쓰리-앤**, **포-앤**으로 말하면서 총 8번의 박을 균등하게 나누어 연주합니다. 먼저 리듬을 말하면서 두드려보고 그 다음에 피아노로 옮겨볼게요.

아래 악보를 간단하게 연주해볼까요?

다음으로는 8 Beat 위에 코드를 올려 연주해볼 수 있는 예시를 준비했어요.

실제 곡에서는 이렇게 계속 8분음표만 치는 경우는 흔하지 않지만 연습 단계에서는 리듬의 흐름을 몸에 익히기 아주 좋습니다. 손에 힘을 빼고 천천히 연주해보세요. 메트로놈을 활용하시면 더욱 좋습니다.

두 번째 예시입니다.

아래 악보를 보면 음표 아래(또는 위)에 **작은 점**이 표시된 경우가 있습니다. 이 표시를 **스타카토(Staccato)**
라고 합니다.

스타카토는 해당 음을 길게 유지하지 않고 **짧게 끊어 연주하라는 의미**입니다.

처음 두 마디에서는 8 Beat 리듬에 스타카토 주법을 더해 생동감을 주었고 이후에는 앞에서 배운 4 Beat와
2분음표를 적절히 섞어 흐름에 변화를 주었습니다. 이처럼 리듬과 주법을 조합하는 것만으로도 음악에 자
연스러운 다이나믹을 만들어낼 수 있습니다.

두 번째 예시도 천천히 연주해보세요.

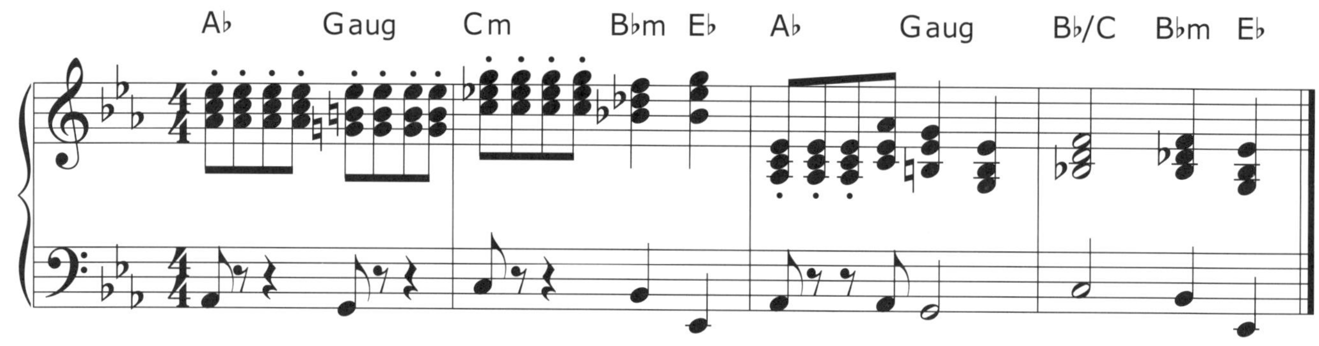

아르페지오는 무엇일까요?

아르페지오(Arpeggio)란 하나의 화음을 동시에 누르지 않고, 음을 순서대로 풀어서 연주하는 기법을 말합니다. 'Arpeggio'라는 단어는 이탈리아어 arpeggiare(하프처럼 연주하다)에서 유래되었다고 해요.

이미 우리에게 익숙한 기법이기도 하고 직접 연주해 보면 자연스럽게 아름답다고 느끼실 거예요.

앞에서 4 Beat와 8 Beat 연습을 통해 4분음표와 8분음표의 흐름을 몸으로 익혔다면 아르페지오는 그 흐름 위에서 코드를 한꺼번에 누르는 대신 한 음씩 순서대로 펼쳐서 연주하는 방식이라고 생각하시면 됩니다.

즉, **코드를 풀어서 한 음씩 차례대로 연주하는 것이 바로 아르페지오**입니다. 리듬은 그대로 유지되지만 화음이 멜로디처럼 흘러가는 느낌이 생기죠. 그럼 예시를 통해 직접 연습해 볼까요?

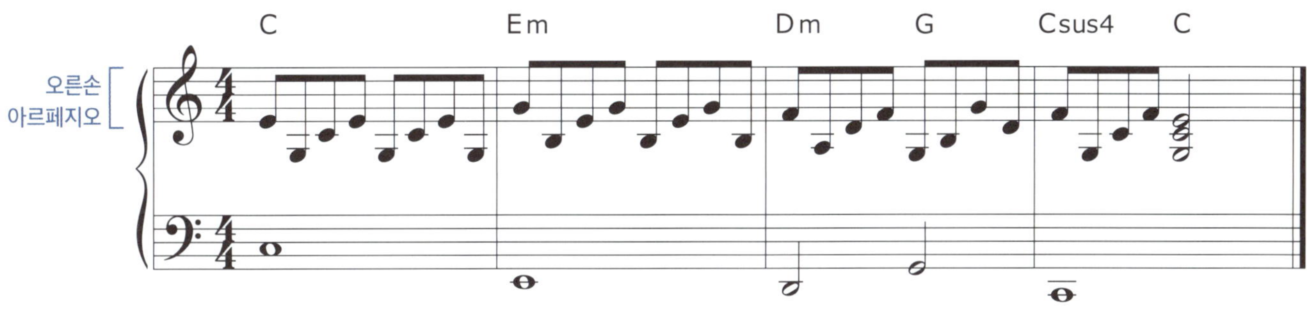

이번에는 왼손을 아르페지오로 연주했을 때의 변화도 살펴볼게요. 이렇게 아르페지오 주법은 오른손, 왼손 모두 응용할 수 있습니다.

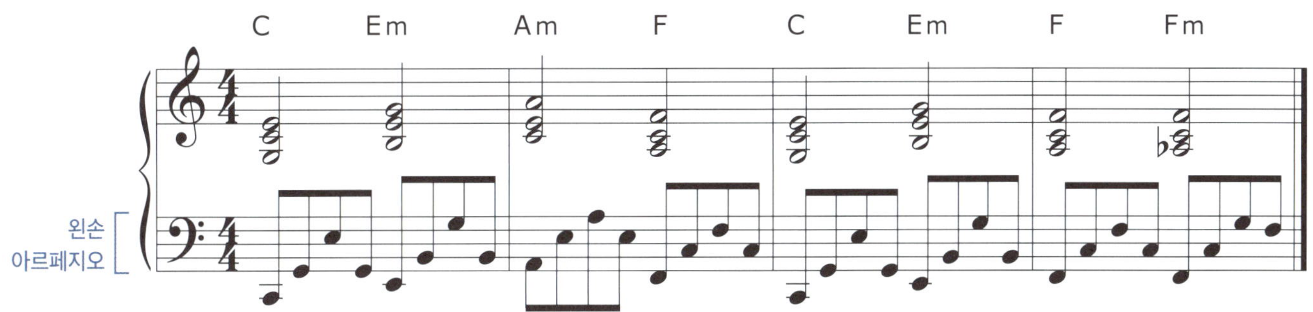

이번에는 같은 코드 진행을 바탕으로 반주 방식에 따라 어떻게 느낌이 달라지는지 비교해보기 위한 예시입니다.

1. 보이싱 연습하기

먼저 아래 보이싱을 반복해서 연주해보면서 코드 진행에 대한 감을 익혀보세요.

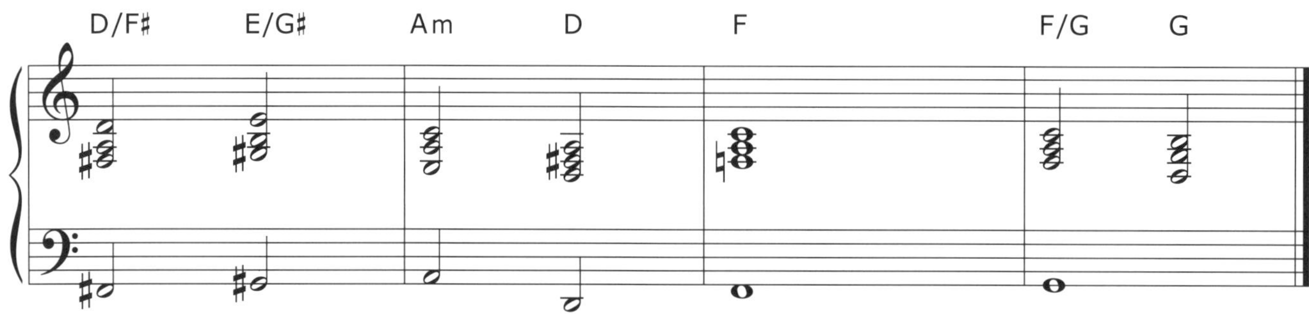

2. 8 Beat 아르페지오

1번의 코드 보이싱을 8비트 아르페지오로 풀어낸 반주입니다. 먼저 그대로 연습해보시고 각 코드의 첫 박에 미리 나오는 음들은 뒤에서 다룰 **당김음 파트**에서 개념을 설명해드릴게요.

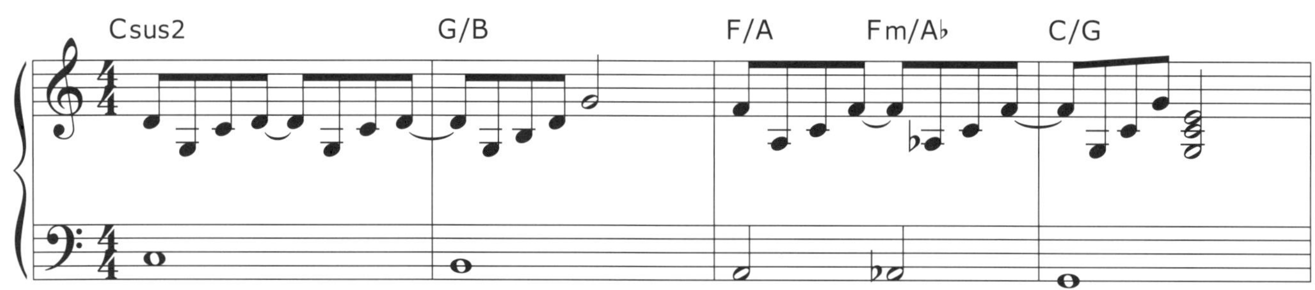

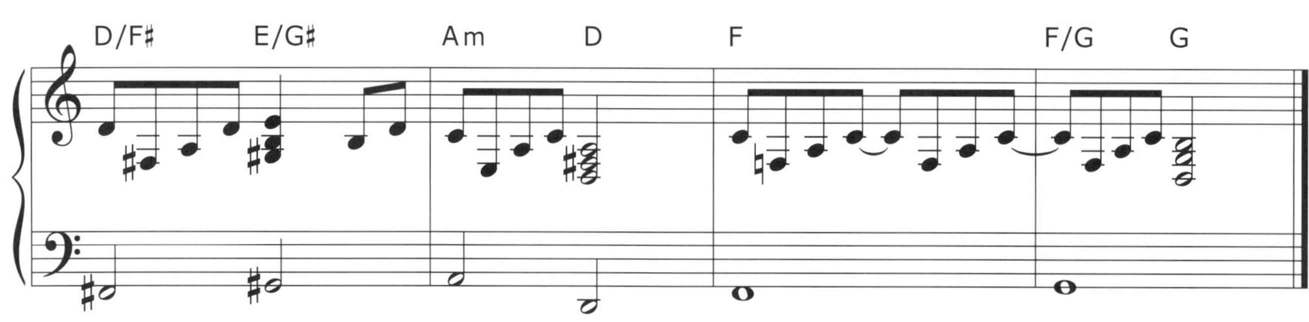

3. 코드를 풀어 넣은 8 Beat 주법

아르페지오와는 달리 리듬의 움직임이 강조되어 보다 다이나믹하고 극적인 느낌을 만들어 줍니다.

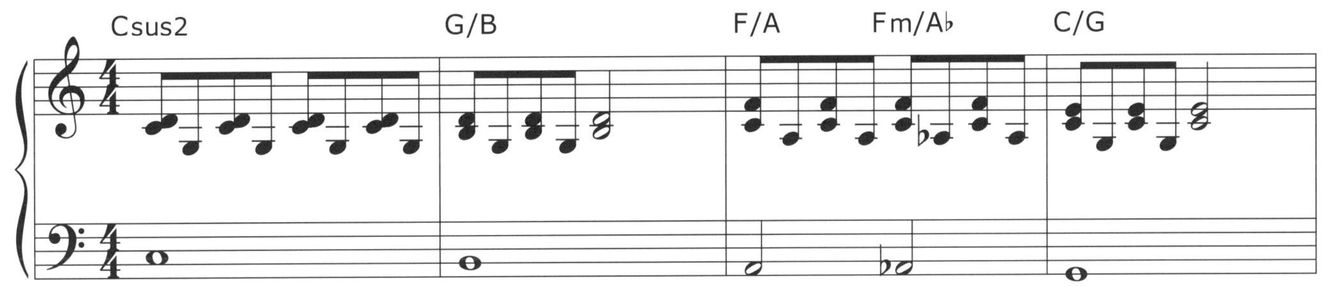

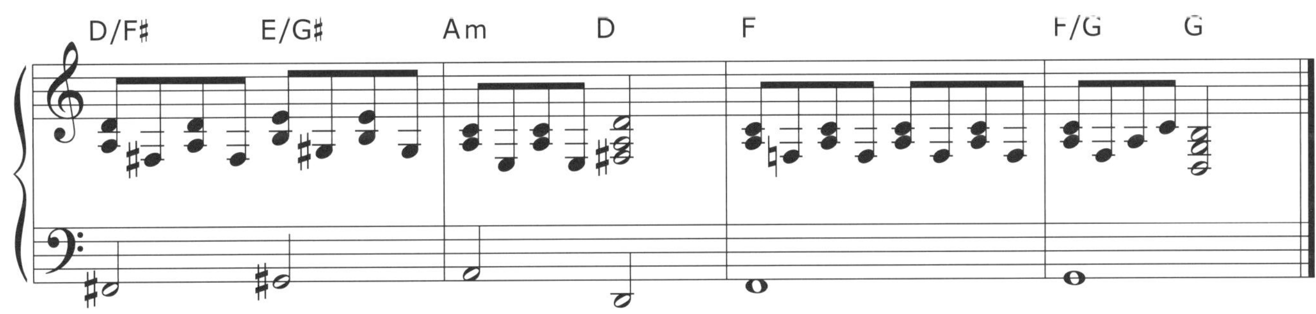

같은 코드진행이라도 리듬과 주법이 바뀌면 분위기가 달라집니다.

이렇게 코드진행 안에서 리듬과 주법이 차지하는 역할은 생각보다 중요합니다.

이번에는 8 Beat 리듬 위에 오른손 아르페지오를 결합한 예시를 살펴보겠습니다.

잔나비의 〈주저하는 연인들을 위해〉 도입부를 통해 리듬과 라인이 함께 움직이는 방식을 확인해 보세요.

주저하는 연인들을 위해

잔나비

*원곡을 참고해 연습에 맞게 간단히 재구성한 예시입니다.

아까 연습한 예제와 비슷한 코드 톤 기반의 8 Beat 주법인데, 이번 예시에는 코드에 없는 음들도 들어가 있죠. 이처럼 스케일에서 가져온 라인을 8 Beat 주법 안에 배치하면 더 음악적으로 활용할 수 있습니다. 처음에는 이런 반주가 조금 어색하게 느껴질 수도 있습니다. 하지만 있는 그대로 여러 번 따라 연주해 보며 익히다 보면 나중에 코드 반주를 할 때 좋은 감각을 기르는 데 분명 도움이 됩니다.

설명 & 연주 영상

TOMBOY

혁오(HYUKOH)

*원곡의 기타 플레이를 피아노로 재구성한 예시입니다.

이번에는 DAY6의 〈한 페이지가 될 수 있게〉 인트로 중 일부를 예시로 살펴볼게요.

오른손은 일정한 멜로디 라인을 연주하고 왼손은 그에 맞는 베이스 음만 간단하게 받쳐주고 있죠. 이처럼 멜로디 라인 중심의 아르페지오 패턴은 나중에 작곡할 때도 충분히 좋은 아이디어가 될 수 있어 예시로 첨부했습니다.

손가락 번호를 지키며 연주해보시고 원곡 템포까지는 아니더라도 메트로놈을 켠 상태에서 양손으로 안정적으로 연주할 수 있도록 천천히 연습해보시면 더욱 좋습니다.

설명 & 연주 영상

한 페이지가 될 수 있게

DAY6

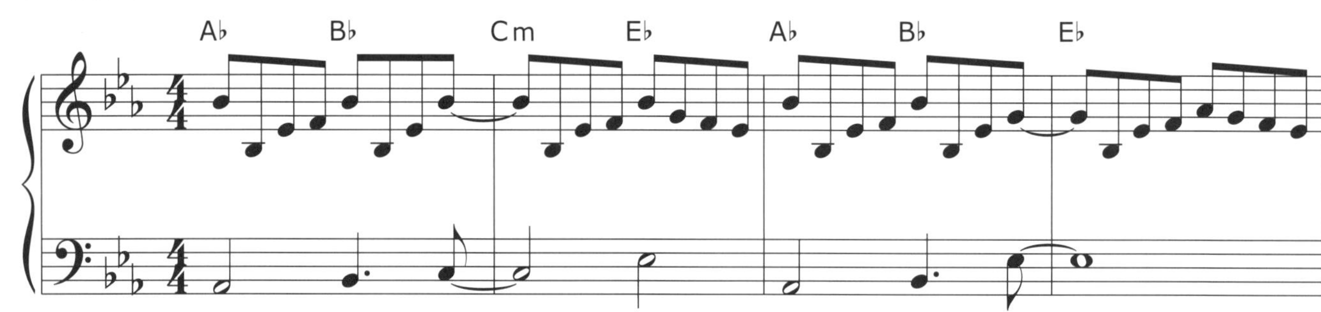

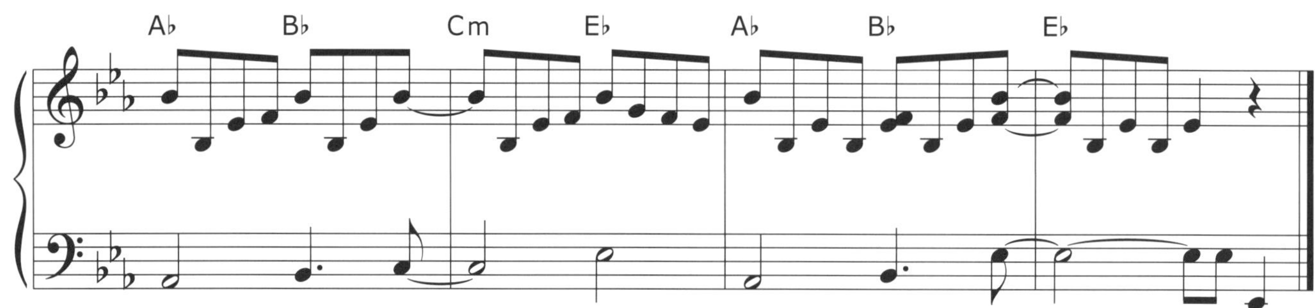

8 Beat Step Up 과제

1. 왼손 아르페지오 패턴 연습

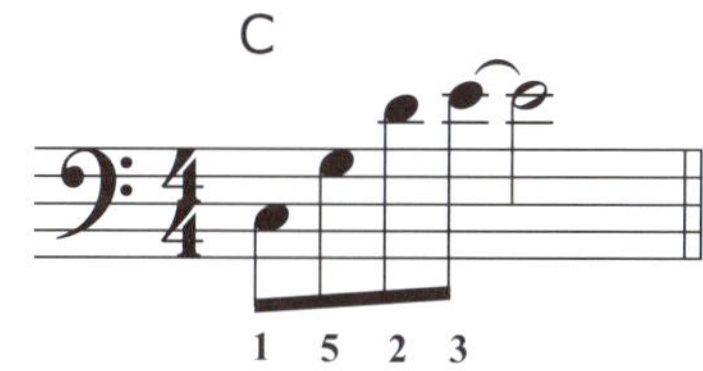

위 패턴은 자주 쓰이는 8 Beat 아르페지오 상행 패턴입니다. 코드에 해당하는 스케일에서 1-5-2-3번째 음을 순서대로 눌러주면 됩니다. 이 원리를 기준으로 다른 코드에서도 함께 연습해볼까요?

Major 코드 적용 예시입니다.

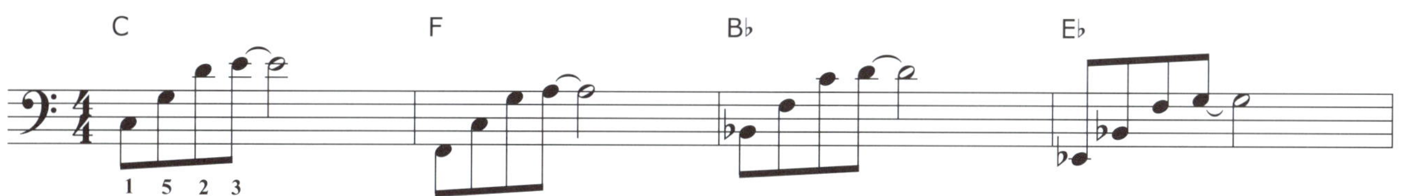

12 Key로 연습해두시면 언제 어디서나 자연스럽게 활용할 수 있게 될 거예요. 해당 코드를 보면 자동으로 나올 수 있게 연습해보세요. 악보를 그리면서 연습해볼까요?

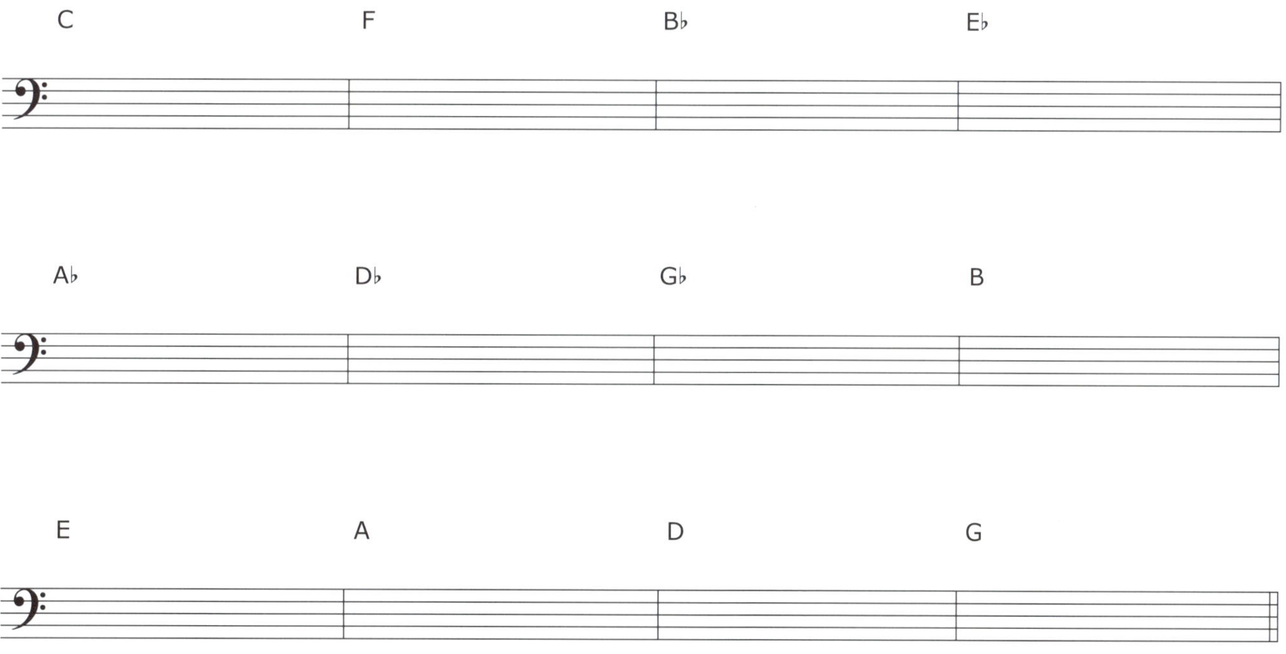

다음은 minor 코드 적용 예시입니다. minor 코드에서는 3음이 아닌 ♭3음으로 적용해 보세요.

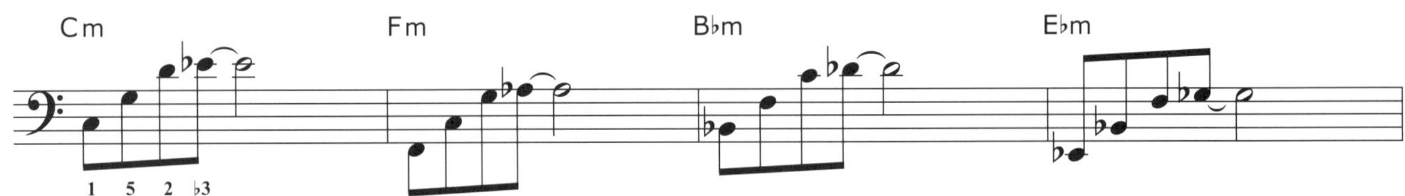

이번에도 직접 그리면서 연습해볼까요?

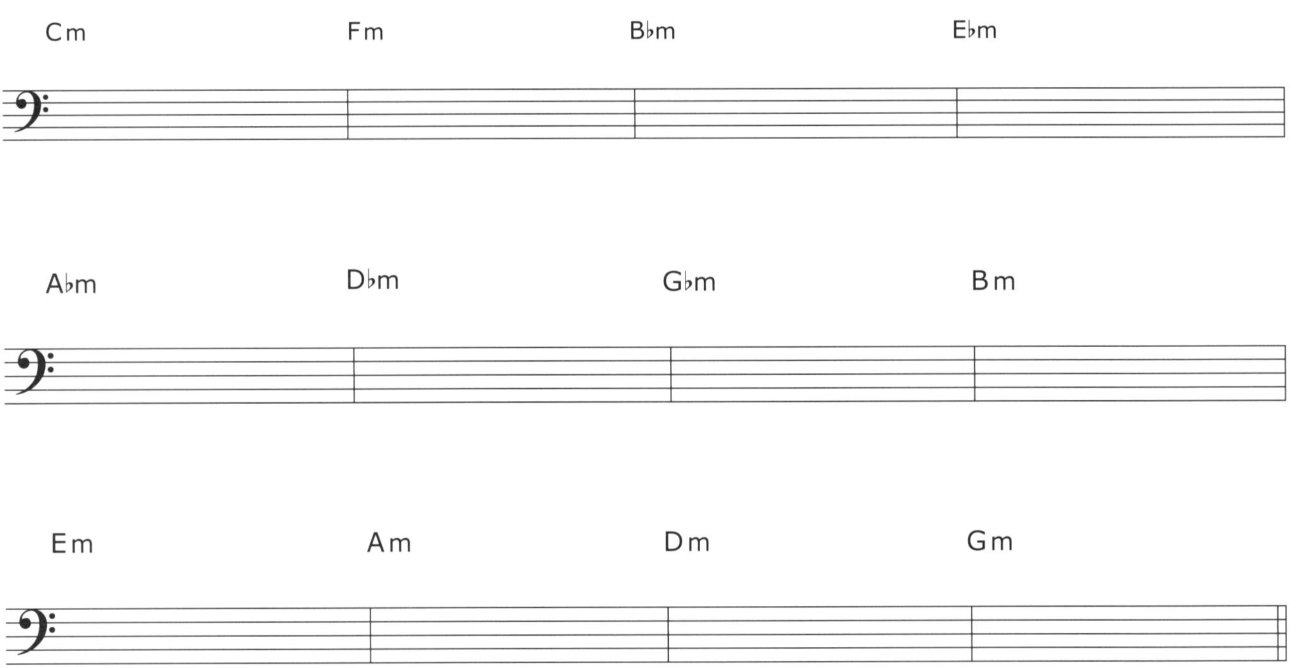

*나머지 코드에 대한 정답은 옆장을 확인해보세요.

Major 코드 정답

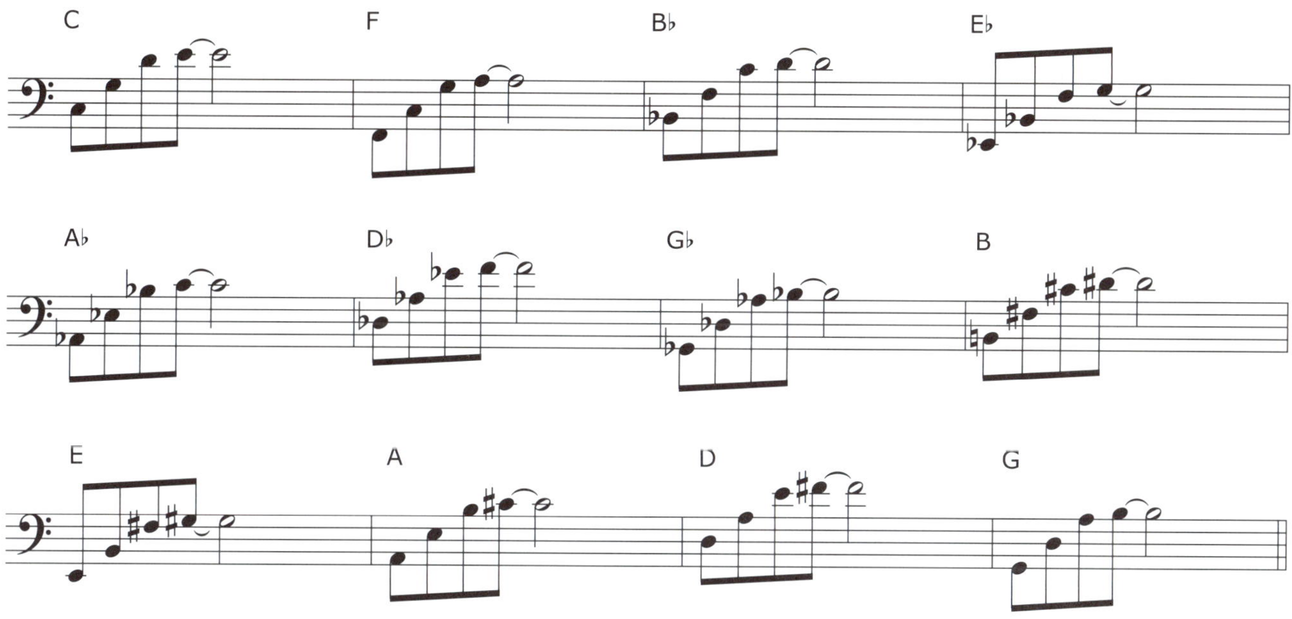
C   F   B♭   E♭
A♭   D♭   G♭   B
E   A   D   G

minor 코드 정답

Cm   Fm   B♭m   E♭m
A♭m   D♭m   G♭m   Bm
Em   Am   Dm   Gm

2. 오른손 아르페지오 상/하행 패턴 연습

이번에는 같은 코드진행에 8분음표 리듬의 상/하행 패턴을 만들어봤어요.

모두 코드의 구성음으로만 이루어져 있고 두 패턴을 함께 연습해두면 진행을 만들 때 간단한 변화만으로도 큰 효과를 줄 수 있습니다.

이번에는 상행과 하행을 함께 사용한 패턴입니다. 이렇게 섞어 사용하면 더욱 재밌는 곡의 아이디어로 확장할 수 있습니다.

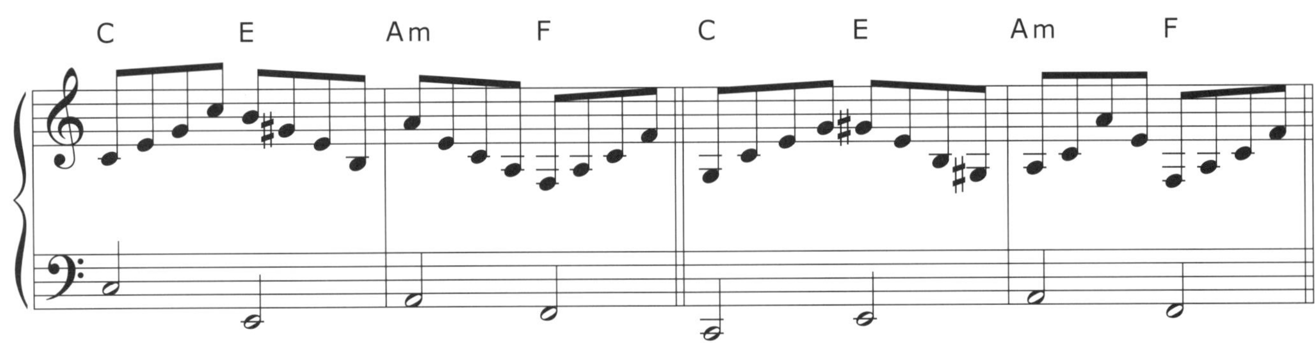

첫 박에 쉼표를 사용해 변화를 주었습니다. 연주는 음을 많이 치는 것보다, 비워두는 타이밍이 더 중요할 때도 있습니다. 쉼표를 확실하게 지켜서 연주해보세요.

이번에는 스타카토를 활용해 리듬감을 더욱 또렷하게 강조했습니다. 특히 두 번째 예시에서는 4분음표를 함께 사용해 음의 길이에 대비를 주며 전체적인 밸런스를 맞춰봤습니다. 스타카토를 지켜 연주해 볼까요?

패턴 1   패턴 2

04 16 Beat 리듬 패턴 배우기

16 Beat는 8 Beat를 한 번 더 세밀하게 나눈 리듬 구조입니다. 4/4 박자 안에서 16분음표 중심으로 리듬이 구성되는 스타일을 말하는데요. 한 박을 네 번으로 쪼개서 연주하므로 훨씬 더 촘촘하고 활기 있는 움직임이 만들어집니다. **'원-이-앤-아, 투-이-앤-아, 쓰리-이-앤-아, 포-이-앤-아'** 총 16개의 동등한 움직임이 한 마디 안에 들어가는 셈이죠. 먼저 입으로 말하면서 손으로 두드려보고, 리듬이 익숙해지면 피아노로 옮겨볼게요. 입으로 계속 따라하다 보면 꽤나 중독적인 훅처럼 느껴지실 거에요. 연습도 재밌게 하면 좋겠죠?

아래 악보를 보고 리듬에 맞게 그대로 연주해보세요.

이 연습은 16 Beat에 익숙해지기 위한 아주 간단하고 효과적인 연습입니다. 천천히 1, 2, 3, 4 (또는 '원이 앤아')를 세면서 연주해보세요.

이번에는 오른손으로 코드를 누른 상태에서 왼손으로 16 Beat를 연습하는 예제를 살펴보겠습니다.

1. 오른손 코드 보이싱을 먼저 익혀주세요.

2. 왼손의 근음을 16 Beat에 맞춰 연주합니다. 처음에는 메트로놈을 느린 템포로 설정해 천천히 연습해보세요.

다음은 16 Beat 를 응용해 베이스 라인을 옥타브 간격 플레이로 반복해 본 예시입니다. 베이스를 옥타브로 오가며 연주하면 리듬이 더욱 살아나고 전체적인 그루브도 한층 더 풍부해집니다.

처음에는 빠른 속도보다는 아주 느린 템포로 천천히 연습해보시는 것을 추천합니다.

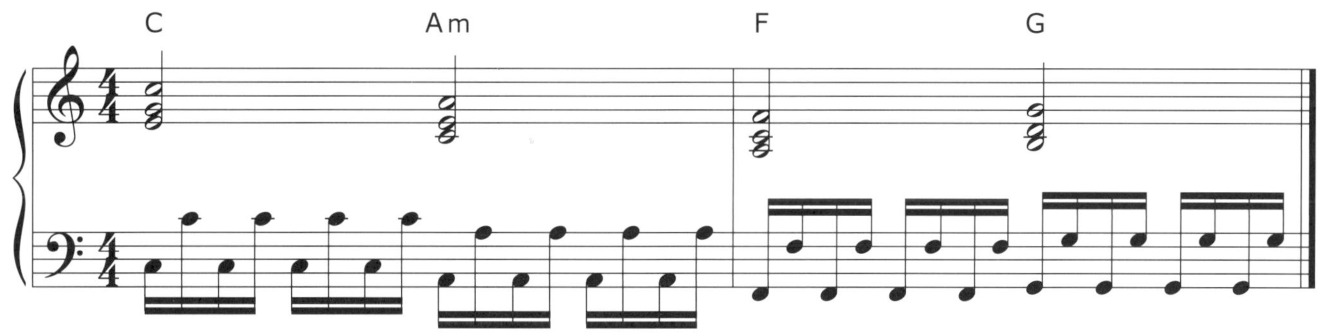

이번에는 코드톤을 활용해 16 Beat 오른손 아르페지오 패턴을 만들어 보았습니다. 처음에는 이런 기본 연습부터 시작하면서 16 Beat 리듬에 익숙해지는 연습을 먼저 해보시는 것을 추천합니다.

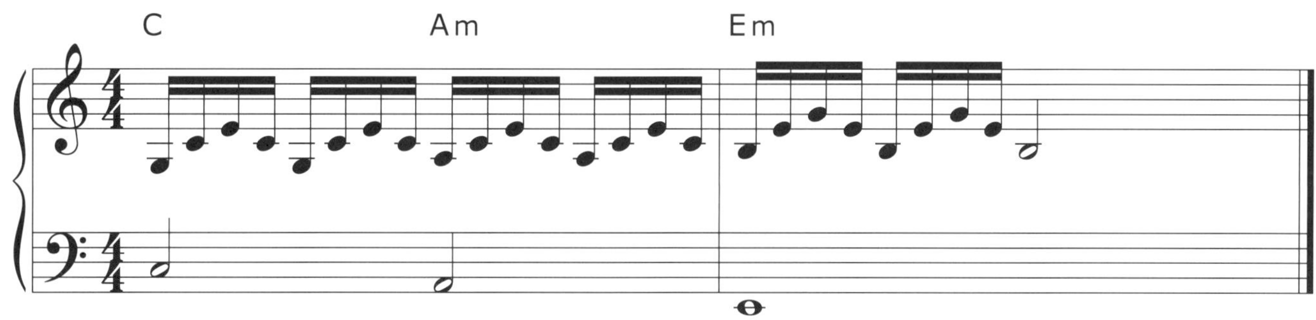

16분 음표를 쉬지 않고 계속 연주하면 음악이 다소 딱딱하게 들리고 연주도 어려워질 수 있습니다. 그래서 이 예제에서는 이음줄을 넣어 흐름이 보다 자연스럽게 이어지도록 구성했습니다. QR 영상을 참고하며 천천히 따라 연주해보세요.

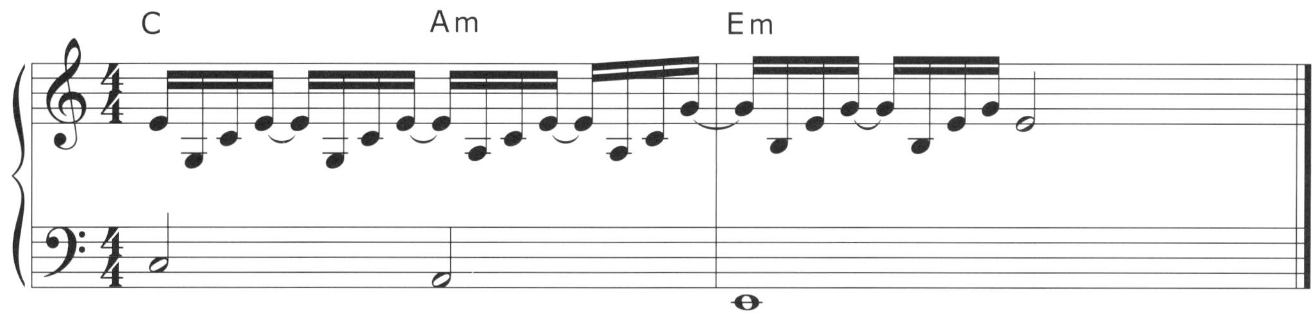

앞에서 익힌 16 Beat 패턴을 바탕으로 아르페지오의 상행 · 하행 패턴을 오른손과 왼손에 나누어 다양한 조합으로 만들어 보았습니다. 같은 코드 진행이라도 아르페지오를 어느 손에 두느냐에 따라 곡의 흐름과 리듬의 인상이 달라집니다. 여러 패턴을 연주해 보며 자신에게 잘 맞는 반주 아이디어를 찾아보세요.

첫 번째 예시는 왼손 아르페지오 상행 패턴을 활용한 반주 예시입니다.
먼저 왼손의 상행 패턴에 충분히 익숙해져 보세요.

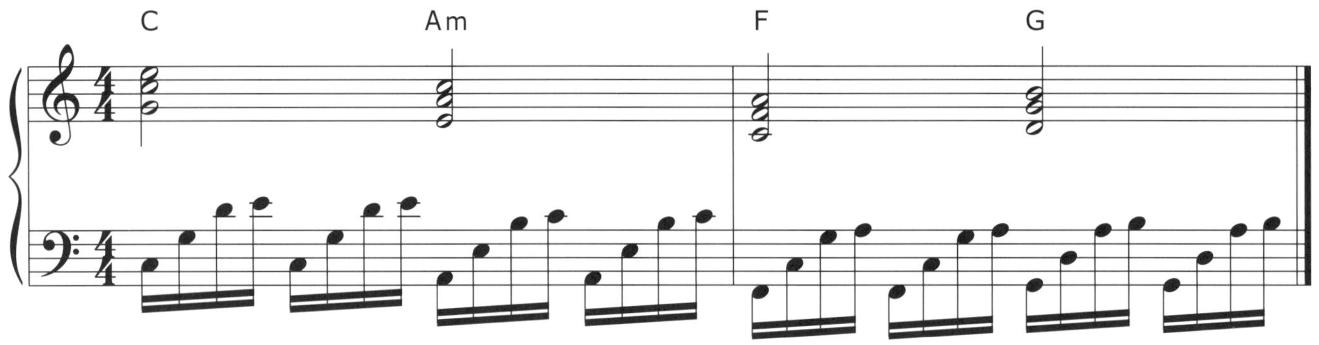

두 번째 예시는 왼손 아르페지오 하행 패턴입니다.
처음에는 익숙하지 않을 수 있지만 꾸준히 연습해두면 리듬감 향상에 도움이 되고 곡의 다이나믹을 풍부하게 만들수 있게 됩니다.

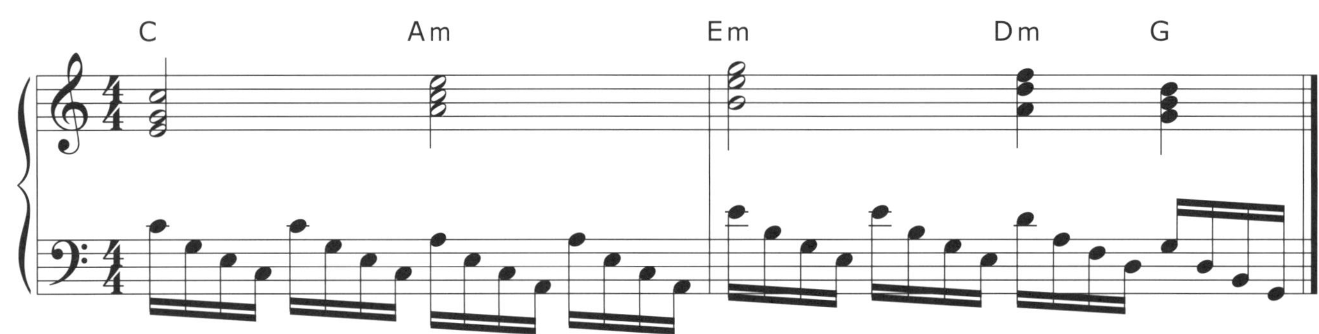

그 다음은 아르페지오 상 · 하행 패턴을 섞어 구성한 예시입니다. 오른손은 코드를 유지하고 왼손은 아르페지오 상 · 하행 패턴으로 연주해보세요.

그 다음 예시는 오른손은 아르페지오 상 · 하행 패턴으로 16 Beat를 연주하고 왼손은 근음만 사용해 구성한 예시입니다.

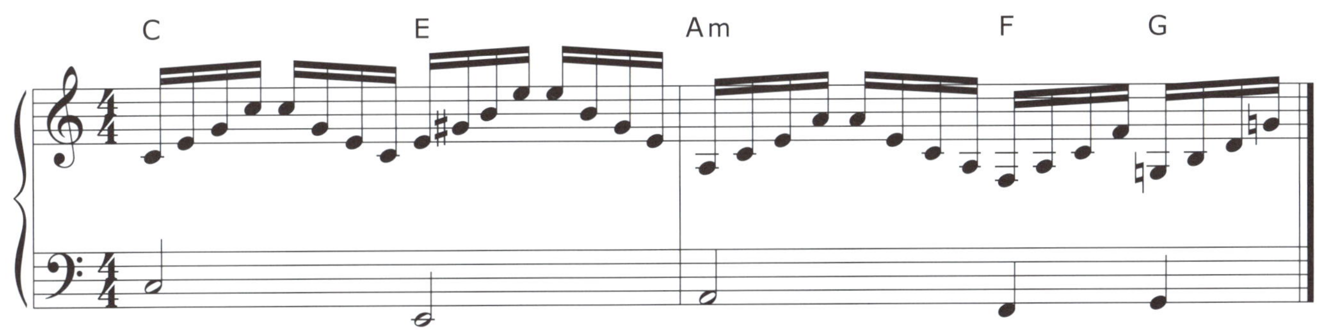

리듬은 왼손과 오른손에서 서로 다른 리듬 패턴을 조합해 만들 수도 있습니다.

다음 예시는 Coldplay의 〈O〉 인트로입니다. 오른손은 16 Beat 아르페지오, 왼손은 당김음을 이용한

8 Beat 리듬으로 구성되어 있습니다.

왼손, 오른손 각자 천천히 연습한 뒤 양손으로 연주해볼까요?

설명 & 연주 영상

O

Coldplay

05 당김음(Syncopation) 활용하기

강박 대신 약박이나 박 사이의 음을 강조해 리듬의 흐름에 변화를 만드는 표현을 당김음(Syncopation)이라고 합니다. 말 그대로 박자를 살짝 당겨 오는 것처럼 들린다고 해서 이를 **당김음**이라고 부릅니다.

당김음의 가장 큰 장점은 복잡한 리듬을 사용하지 않아도 간단한 방법만으로 연주에 확실한 변화와 생동감을 줄 수 있다는 점입니다.

Michael Jackson의 〈Billie Jean〉에서도 당김음을 활용한 코드 연주를 확인할 수 있습니다. 그중 일부를 예시로 가져왔습니다. QR 영상을 참고하여 함께 연습해보세요.

설명 & 연주 영상

Billie Jean

Michael Jackson

베이스라인에서 파생된 분수코드 형태이므로 참고용으로 이해하시고, 오른손은 악보 예시를 그대로 따라 연습해보세요.

2, 4번째 코드에서 정박보다 앞서 연주하는 느낌을 충분히 익히셨나요? 이처럼 당김음을 활용하면 음악에 생동감과 긴장감을 더할 수 있습니다.

다음 예시로 TWICE(트와이스)의 〈Dance The Night Away〉 인트로에 등장하는 신스 보이싱을 참고한 패턴을 가져왔습니다. 이 곡은 전체적으로 당김음 사용이 효과적으로 잘 되어 있는 곡 중 하나예요. 연주해 보면서 당김음의 느낌을 간단히 확인해 보세요.

Dance The Night Away

TWICE(트와이스)

Q : 그러면 배운 리듬은 어떻게 응용하는 건가요?

A : 꼭 하나의 리듬 패턴만을 고집해서 쓸 필요는 없어요.

여러 가지 리듬을 배우고 상황에 맞게 섞어 사용하는 개념에 가깝습니다. 대부분의 대중음악은 하나의 메인 리듬 패턴을 중심으로 작은 변형들을 더해 곡 전체의 흐름을 만들어 갑니다. 리듬에는 일정한 규칙과 반복이 있어요. 겉으로는 복잡하게 들리는 곡도 실제로는 핵심 리듬 패턴이 아주 단순한 경우가 굉장히 많습니다. 평소에 다양한 리듬 패턴을 익히고 연습한 뒤, 곡을 들을 때도 파트별로 분석하며 따라 연주해 보시면 도움이 됩니다.

하나 더 알고 가면 좋은 리듬이 있어요.

Triplet은 한 박을 세 개의 음으로 나누어 연주하는 리듬 구조를 말합니다.

앞에서 배운 16 Beat가 한 박을 네 개로 나누는 리듬이라면 Triplet은 같은 한 박을 세 개로 나누어 또 다른 리듬의 흐름을 만들어냅니다.

같은 4/4 박자 안에서도 박을 나누는 방식이 달라지면 리듬의 성격과 흐름이 달라집니다. 16 Beat가 촘촘하고 또렷한 움직임을 만든다면 Triplet은 부드럽고 자연스럽게 이어지는 흐름을 만들어 줍니다.

이제 간단하게 3연음을 연습해 보겠습니다. 1-2-3으로 세어 보면서 아래 악보를 연주해보세요.

QR 영상을 참고하면 리듬을 더 쉽게 이해할 수 있습니다.

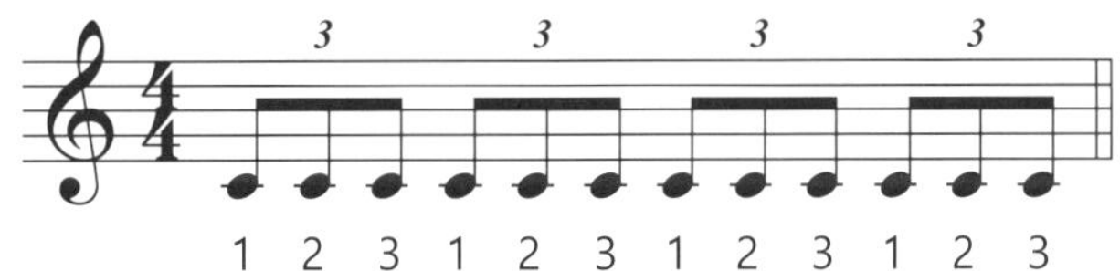

3연음 한 묶음은 4분음표 하나의 길이와 같습니다.

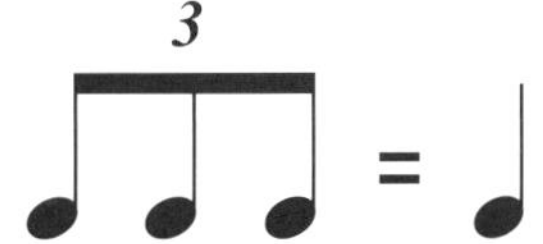

아래 곡은 오른손 3연음 패턴이 반복적으로 등장하는 예시로 3연음을 익히기에 좋은 연습곡입니다. 왼손은 근음만 눌러 간단하게 연주하고 오른손 리듬에 집중해 연주해보세요. 3연음은 처음에는 리듬의 느낌이 잘 잡히지 않을 수 있으므로 메트로놈을 활용해 연습하는 것이 효과적입니다.

Sparkle – movie ver.

RADWIMPS

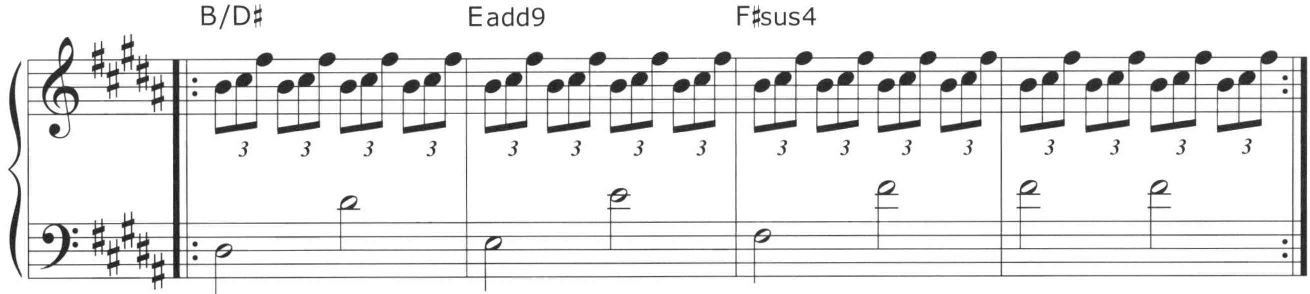

이번에는 IVE(아이브)의 〈I AM〉이라는 곡에서 Intro와 Verse 파트 일부를 예시로 가져왔습니다.

이 예시는 4 Beat, 8 Beat, Triplet, 쉼표가 적절히 조합된 그루브를 보여 줍니다. 또 한 가지 특징은 Straight한 8분음표 대신 3연음 느낌의 리듬이 사용된다는 점입니다. 특히 세 번째와 네 번째 마디에서는 두 개의 8분음표를 길게 – 짧게 연주하는 3연음 느낌이 나타납니다.

QR 영상을 참고하며 오른손과 왼손을 순서대로 천천히 연습해보세요.

설명 & 연주 영상

I AM

IVE(아이브)

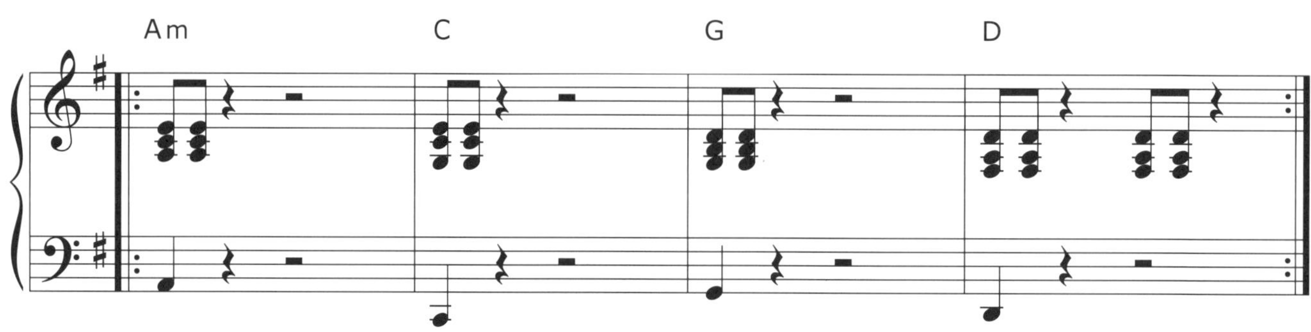

이제까지 코드, 보이싱, 양손 분리, 기본 리듬 패턴까지 연주를 위한 기초를 하나씩 만들어 왔어요.

여기까지 4 Beat, 8 Beat, 16 Beat, Triplet 그리고 당김음까지 리듬에서 가장 핵심이 되는 요소들을 하나씩 익혀보았습니다. 처음에는 리듬이나 패턴이 낯설게 느껴질 수 있지만, 이러한 감각이 손에 익는 순간 연주가 훨씬 자연스럽고 풍부해집니다.

마지막으로 곡에서 리듬을 듣는 간단한 팁을 살펴보며 이번 챕터를 마무리해 보겠습니다.

● 리듬은 어떻게 들어야 할까요?

처음부터 어렵게 생각하지 말고 한 곡 안에서 다음 요소들을 찾아보세요.

– 이 곡의 템포는 어느 정도인지

– 반복되는 기본 리듬 패턴은 무엇인지

– 리듬이 어느 지점에서 어떻게 바뀌는지

이 정도만 관찰해도 음악의 리듬 구조가 훨씬 명확하게 보이기 시작합니다.

● 어떻게 연습하면 좋을까요?

우리가 들은 음악을 잠깐이라도 악보로 적어보면 리듬 패턴이 눈에 보이면서 자연스럽게 기억에 남게 됩니다. 이 경험이 쌓일수록 **작곡이나 반주를 할 때 리듬 아이디어를 꺼내 쓰는 속도도 훨씬 빨라져요.**

결국 리듬 응용이란 **배운 패턴을 섞어 보고, 변형해 보고, 실제 곡 안에서 반복되는 흐름을 느끼는 것**에서 시작합니다.

오늘 배운 리듬 외에도 활용할 수 있는 패턴은 정말 다양해요. 이 부분은 앞으로 코드 진행과 곡 예시를 함께 다루면서 필요한 시점에 맞춰 하나씩 자연스럽게 소개해 드릴 예정입니다.

이제는 배운 요소들을 실제 음악 안에서

하나의 아이디어로 묶어 표현하는 과정을 직접 경험해 볼 차례입니다.

Grade 7
작곡 실습 (Songwriting)

목표: 배운 이론과 표현을 바탕으로 나만의 짧은 곡을 만들어보기

Chapter 01 Diatonic 코드 개념 익히기

Key 안에서 자연스럽게 만들어지는 기본적인 코드 체계를 배웁니다.

Chapter 02 기본 코드 진행 만들기

앞에서 배운 Diatonic 코드를 바탕으로 기본적인 코드 진행을 직접 만들어봅니다.

Chapter 03 내가 만든 코드 진행 발전시키기

Diatonic 코드를 활용해 만든 코드 진행을 발전시켜 보겠습니다.

Chapter 04 코드와 멜로디 라인을 활용한 Riff 연주해보기

실제 곡 예시를 통해, 곡의 핵심이 되는 멜로디 Riff를 직접 따라 연주해 봅니다.

여러분! 잘 따라오고 계신가요?

드디어 이번 교재의 마지막 챕터입니다. 이번에는 간단한 곡의
아이디어를 함께 만들어볼 거예요. 여태 배운 내용을 아직 100% 이해하지
못해도 괜찮습니다. 곡을 만들다가 다시 기본기 연습으로 돌아가도
전혀 문제되지 않아요. 처음부터 완벽할 필요는 없고, 작곡이라고 해서
처음부터 거창하게 생각할 필요도 없습니다.

이번 챕터는 '완성'이 아니라 '경험'에 가깝다고 생각하고, 가볍게 맛을 본다는 마음으로 접근해 보세요. 아
주 작은 아이디어 하나만 떠올라도 그것만으로 이미 여러분만의 곡은 시작된 것입니다.

Q : 멜로디부터 만들어야 하나요? 코드부터 만들어야 하나요?

A : 결론부터 말씀드리면, 둘 다 할 줄 아는 것이 가장 이상적입니다.

어떤 곡은 멜로디가 먼저 떠오르기도 하고, 어떤 곳은 코드 진행이나 리듬에서 시작되기도 합니다. 곡
을 만들 때 마다 출발점은 바뀌기도 하는 것 같아요. 다만 작곡을 하다 보면 멜로디와 코드는 서로 영
향을 주고받으며 함께 발전하게 됩니다. 그래서 두 가지 방식 모두 익혀 두면 훨씬 자유롭게 곡을 만
들 수 있습니다. 처음에는 그날 가장 떠오르는 아이디어부터 시작해 보세요.

멜로디 한 줄이든, 간단한 코드 진행이든 작은 아이디어 하나가 곡의 출발점이 될 수 있습니다.

01 Diatonic 코드 개념 익히기

본격적으로 곡을 만들기 전에, 먼저 재료부터 정리해볼게요.

요리를 하려면 무작정 불부터 켜는 게 아니라, 어떤 재료가 있는지부터 확인하죠. 작곡도 마찬가지입니다. Key 안에서 어떤 코드들이 자연스럽게 어울리는지 알고 있어야 코드 진행을 만들고, 그 위에 멜로디를 얹는 과정이 훨씬 수월해집니다.

이 챕터에서는 앞으로 만들 곡들의 바탕이 될 가장 기본적인 코드 구조를 익혀볼 거예요.

한 Key 안에는 그 Key의 스케일로만 만든 7개의 기본 코드가 있어요. 이 코드들을 **Diatonic Chords(다이아토닉 코드)**라고 부릅니다. 사실상 대부분의 곡들은 다이아토닉 코드에서 시작하고 마무리되죠.

Diatonic 개념은 **스케일(Scale)**의 구성음을 바탕으로 만들어지기 때문에, 스케일의 이해가 선행될수록 다이아토닉 코드 체계를 더욱 자연스럽게 이해할 수 있습니다. 일단 가장 기본적인 C Major Scale 부터 볼게요.

C Major Scale

	1	2	3	4	5	6	7	8
	도	레	미	파	솔	라	시	도

*정말 쉽게 생각하시면 Major Scale 은 '도레미파솔라시도'로 알고 계셔도 좋습니다.

Major Scale의 각 음을 근음으로 하여 3도씩 음을 쌓으면 7개의 코드가 만들어집니다. 이렇게 스케일의 구성음을 기준으로 만들어진 코드들을 Diatonic 코드라고 하는데 C Key 에서 같이 하나씩 구해보겠습니다.

C Major Scale 에서 첫 음은 도(C) 죠? 여기서 **3도 위의 음**은 어떻게 될까요? 도에서 Scale 음 기준으로 (도 레미파솔라시도 외의 다른 음은 생각하지 않기로 해요) 3칸 올라가니까 레, 미, 파 순으로 올라가면 파 (F) 가 될까요?

정답은 아닙니다. 도를 꼭 포함해주셔야 해요! 그래서 **도, 레, 미** 순으로 올라가면 **미 (E)**가 됩니다. 여기서 3 도를 한번 더 올려볼까요? 그러면 **미, 파, 솔** 순으로 가게 되어 **솔 (G)**이 됩니다.

결론은 도, 미 솔 (C ,E, G) 음을 포함하는 C Major 코드가 됩니다.

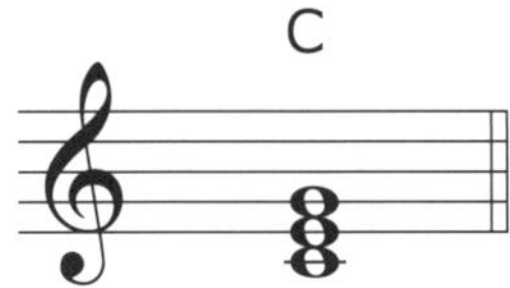

그러면 **두번째 다이아토닉 코드**도 구해보겠습니다. C Major Scale 의 두번째 음인 레(D) 에서 3도씩 올라가 면 **레(D), 파(F), 라(A)** 를 구성음으로 하는 **Dm 코드**가 되죠. 이런 식으로 나머지 코드까지 구하면 아래 악보 와 같게 됩니다.

C Major Diatonic Triads

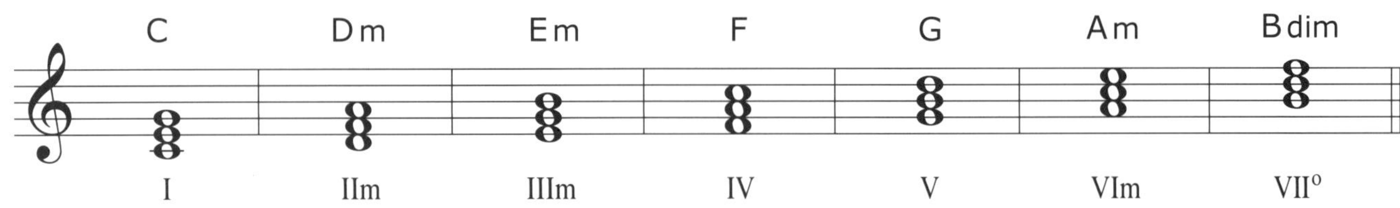

겉으로 보면 '그냥 외우면 되지, 왜 이렇게 복잡하게 설명할까?' 싶을 수도 있어요. 하지만 12 Key 가 있고, Major Key의 Diatonic Triads(Diatonic 7th는 7th 코드 파트에서 자세히 다루겠습니다.) 만 해도 총 84개 의 코드가 됩니다. 이걸 원리 없이 단순 암기로 외우려면 그게 더 힘들겠죠?

기본 구조와 원리를 이해해두면 어떤 Key에서도 자연스럽게 코드를 떠올릴 수 있고 작곡이나 연주에서도 훨씬 자유로워집니다. 일단 C Key 에서 같이 도전해보기로 해요!

Major Key와 minor Key 모두 같은 원리로 만들어지는데, 이번 교재에서는 기본 원리를 가장 확실하게 익 히기 위해 우선 Major Key 기준으로 살펴보겠습니다.

02 기본 코드 진행 만들기

설명 & 연주 영상

작곡을 위한 첫 코드 진행 연습

코드 진행 만들기 게임 – C Key Edition

[오늘의 미션] 1~7도 숫자를 골라서, C Key에서 나만의 코드 진행을 만들어봅시다.

[코드 리스트] [C(1도), Dm(2도), Em(3도), F(4도), G(5도), Am(6도), Bdim(7도)]

Game 1   4마디 코드 진행 만들기

1. 1~7 중에서 숫자를 골라 적어보세요. 예 1 – 2 – 3 – 4

2. 숫자를 코드로 바꿔서 연주해보세요.

마디	1	2	3	4
번호	1	2	3	4
코드	C	Dm	Em	F

적어보셨다면, 이제 코드로 바꿔 반복해서 연주해보세요.

하나 미리 말씀드리자면, 이 단계에서는 완성도를 크게 신경 쓰지 않아도 됩니다.

지금은 결과보다 직접 만들어보는 과정에 집중해보세요. 처음부터 좋은 사운드가 나지 않아도 괜찮습니다.

코드 작곡은 이렇게 여러 번 만들어보면서 익숙해지는 작업입니다.

7개의 코드 중에 여러가지 조합을 자유롭게 만들어 보시고 코드진행을 반복해서 연주하면서 진행감을 느껴보세요. 훌륭한 팝 음악들 중에서도 단순한 코드 진행을 사용하는 경우가 많습니다. 이번에는 첫 코드를 정해드릴테니 뒤의 빈칸 3개를 채워서 적어보세요.

4도인 F Major 코드로 시작하는 진행을 만들어볼까요?

마디	1	2	3	4
번호	4			
코드	F			

나머지 세 마디를 자유롭게 채워보세요. 어떤 코드를 선택해도 괜찮습니다. 힌트를 하나 드리자면, 보통 마지막의 네 번째 코드는 1도나 5도인 C, G 코드 중 하나로 마무리해보는 것을 추천드립니다.

이번엔 6도인 A minor 코드로 시작하는 진행을 만들어볼까요?

마디	1	2	3	4
번호	6			
코드	Am			

6도인 A minor 코드부터 사용하면 같은 Key 안에서도 분위기가 조금 더 차분하게 바뀝니다.

보통 B 파트로 넘어가는 첫 코드로도 많이 쓰이는데요. 앞에서 만든 진행과 비교해 시작 코드만 바꿨을 때 느낌이 어떻게 달라지는지 들어보세요.

이렇게 Key 안에서 다이아토닉 코드만 가지고 진행을 만들어보는 과정이 코드 작곡의 가장 기초가 됩니다.

처음에는 단순해 보여도, 이 원리를 정확히 이해하고 몸에 익혀두면 어떤 Key에서도 쉽게 코드 진행을 만들 수 있고 나중에 확장 코드나 리하모니제이션을 배울 때도 훨씬 빠르게 연결돼요.

지금은 작은 코드 진행 하나를 만드는 단계지만, 이 기초가 쌓이면 여러분만의 색깔을 가진 음악으로 자연스럽게 발전하게 될 거예요.

이번엔 2도인 D minor 코드로 시작하는 진행을 만들어볼까요?

마디	1	2	3	4
번호	2			
코드	Dm			

2도인 Dm 코드부터 시작하면, 진행이 바로 안정되기보다는 자연스럽게 이어지는 느낌을 만듭니다. 어려우시면 처음에는 5도(G)나 1도(C)로 이어보세요. 처음에는 정답을 찾기보다 여러 가지 코드를 자유롭게 대입해 보며 시도해 보세요.

이번엔 처음부터 4가지 진행을 스스로 만들어보고 연주해볼까요? C Key에서 4마디 코드 진행을 4가지 만들어보세요.

다이아토닉 코드(1~7도)만 사용합니다.

진행 방법

1. 다이아토닉 코드(1~7도)만 사용합니다.

2. 각 진행마다 4마디를 채웁니다.

3. 어떤 순서든 괜찮습니다.

마디	1	2	3	4
번호				
코드				

마디	1	2	3	4
번호				
코드				

마디	1	2	3	4
번호				
코드				

마디	1	2	3	4
번호				
코드				

처음에는 C Key에서 시작했지만, 이를 시작으로 다양한 Key에서도 코드 진행을 만들어 보세요. 좋은 코드 사운드와 음악을 만들고 싶다면 앞에서 배운 보이싱, 양손 연주, 리듬 패턴 등을 활용해 코드 진행에 다양한 변화를 더해 볼 수 있습니다. 작은 코드 진행 하나에서 시작하더라도, 이러한 요소들이 더해지면 음악은 훨씬 풍부하게 발전할 수 있습니다.

지금까지 배운 내용을 바탕으로 여러분만의 코드 진행과 음악을 만들어 보세요. 다음 챕터에서는 기본 Diatonic 진행을 같이 발전시켜 보도록 하겠습니다.

03 내가 만든 코드 진행 발전시키기

Q : 다이아토닉으로 코드진행 만들었는데 그 다음엔 어떻게 하면 될까요?

A : 다이아토닉(Diatonic)으로 코드 진행을 만드는 데 익숙해졌다면, 같은 코드 진행을 어떻게 더 이쁘게 만들 수 있는지를 살펴볼 차례입니다.

처음엔 코드 진행이 단순하게 느껴지더라도 전위, 보이싱, 리듬 패턴에 따라 곡의 인상은 충분히 달라질 수 있습니다. 다음은 C Key의 Diatonic 코드로 만든 진행을 바탕으로, 어떤 변화를 줄 수 있는지 함께 발전시켜 보겠습니다.

1. 정말 간단한 진행부터 시작해볼게요.

오늘 제가 고른 코드는 C, F, G 입니다.

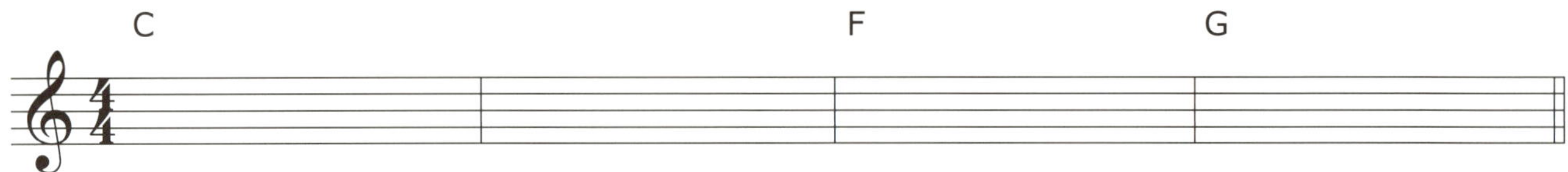

여러분은 이 코드를 보고 어떻게 연주하셨나요? 정답은 없으니 편하게 연주한 방식 그대로도 괜찮습니다. 다음에는 보이싱을 하나씩 신경 써서 연주해 보겠습니다. 전위를 적용한 뒤 탑노트를 각각 설정하여 코드의 자리를 다시 구성해 보았습니다. 아래 악보를 보고 연주해보세요.

2. 전위 및 탑노트 설정

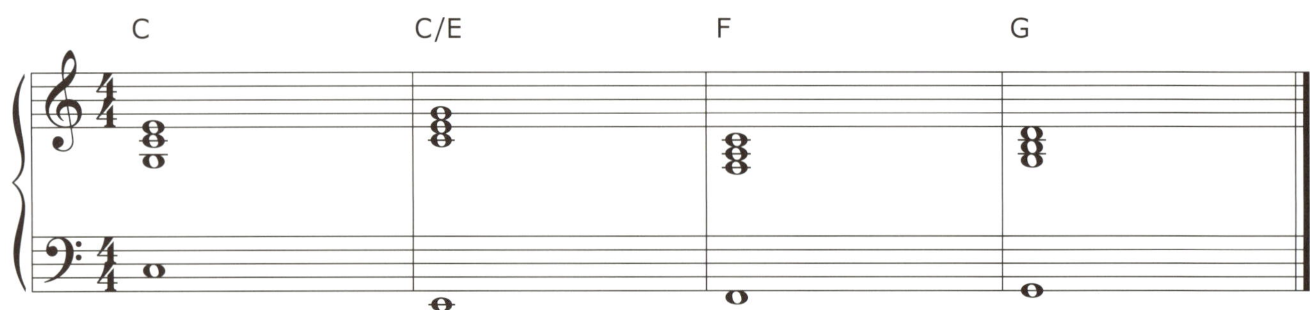

기본자리(Root Position)로 연주했을 때와 비교해 사운드에 어떤 차이가 느껴지시나요? 여기서 조금 더 변화를 주기 위해 전위를 한 번 더 적용해 보겠습니다.

3. 탑노트를 유지하며 전위 추가 적용

세번째 코드인 F, 네번째 코드인 G에도 각각 1전위를 적용해 진행 전체에 흐름을 더해보았습니다.

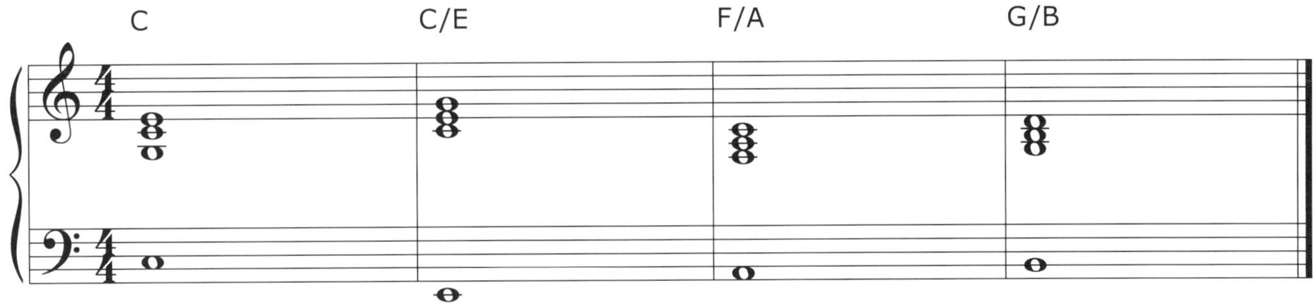

만약 여기서 한 음을 더하면 사운드가 어떻게 달라질까요? 이번에는 각각의 코드에 add2 를 적용해 확인해보겠습니다. 같이 연주해볼까요?

4. add2 보이싱 적용

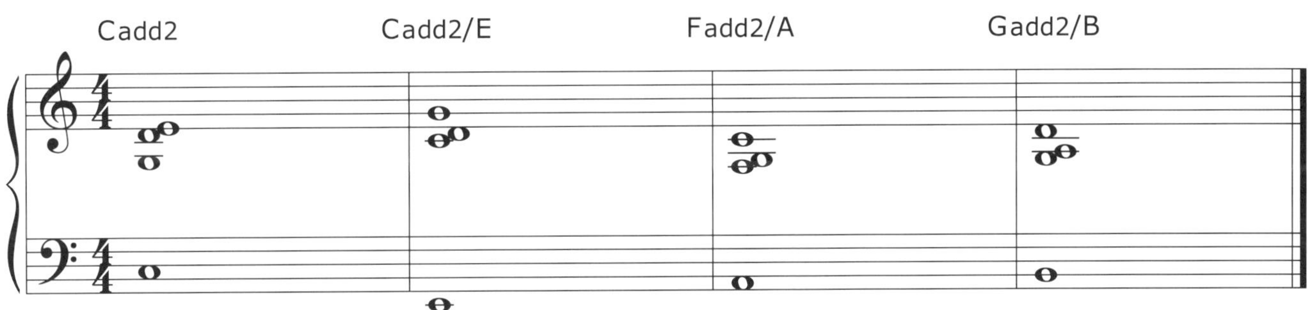

각 코드에 한 음을 더하고 보이싱을 다듬으면서 **사운드에 공간감과 밀도가 생긴 느낌**입니다. 단순히 두번째 음을 추가한 것이 아니라, 중복되는 음은 생략해 보이싱을 구성했습니다.

지금 상태는 이미 각 마디의 첫 박에 탑노트가 놓여있어 멜로디의 기둥이 세워진 상태라고 볼 수 있습니다. 그러면 그 탑노트를 기반으로 멜로디를 간단하게 만들어보겠습니다.

5. 탑노트 기반으로 멜로디 라인 만들기

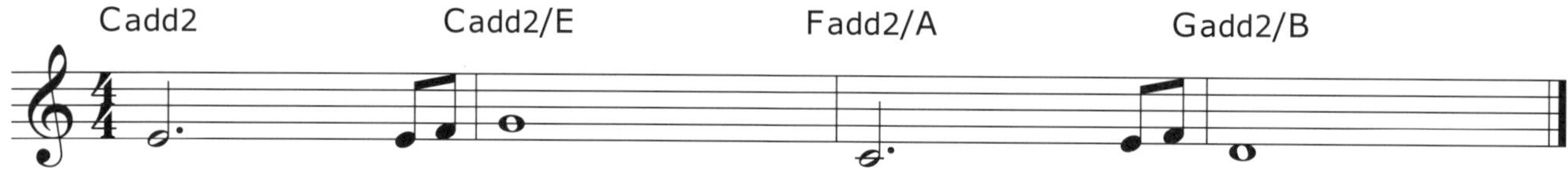

이렇게 탑노트를 설정해 두면 반주 속에서 자연스럽게 멜로디 라인을 만드는 데에도 도움이 됩니다.

6. 만든 멜로디를 바탕으로 양손 연주하기

멜로디에 맞춰 아까 만든 코드 보이싱으로 양손 연주를 해볼까요?

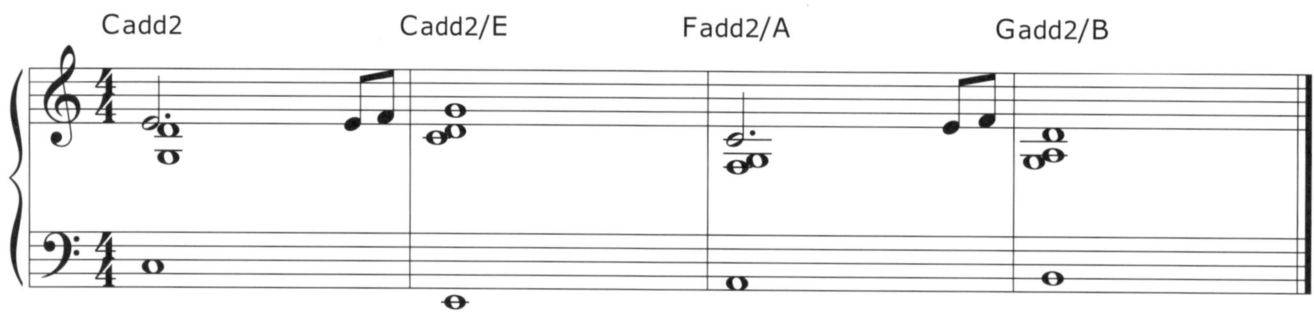

양손으로 연주해보니 어떤 느낌이 드시나요? 단순한 멜로디지만 보이싱만 연주했을 때와는 또 다른 느낌이 들죠. 이런 작은 변화들이 반주나 곡의 테마를 만들어가는 출발점이 됩니다.

7. 리듬 패턴 적용하기

이번에는 보이싱과 멜로디를 유지한 채, 8비트 리듬으로 연주해봤습니다.

리듬이 바뀌니 곡이 흘러가는 느낌이 조금 더 생기죠. 강약을 살려서 연주해보시면 더욱 좋습니다. 이렇게 하나씩 쌓아가고 수정해가면서 곡은 자연스럽게 디벨롭됩니다.

반주가 달라지면, 붙이고 싶은 멜로디와 가사도 함께 달라질 수 있습니다.

8. 아르페지오 패턴 적용하기

이번에는 아르페지오 패턴으로 만들어봤습니다. 박자에 맞춰서 연주해볼까요?

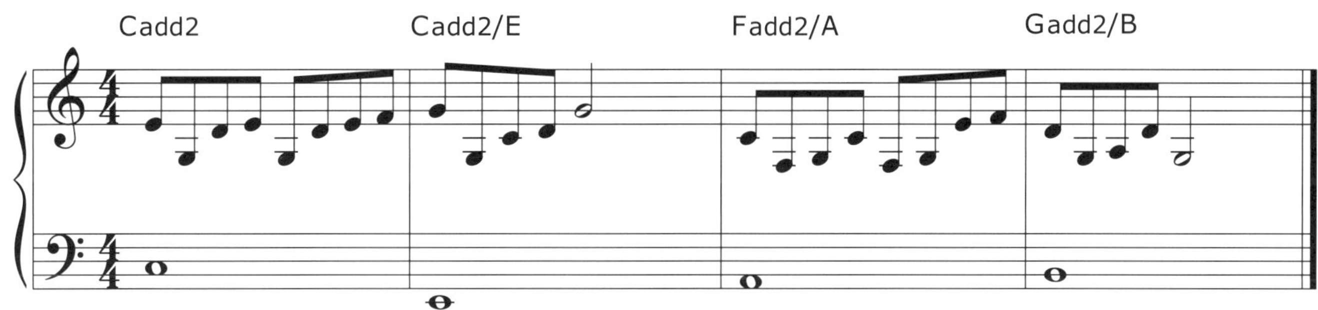

이번에는 다른 아르페지오 패턴을 하나 더 만들어 연주해 보겠습니다.

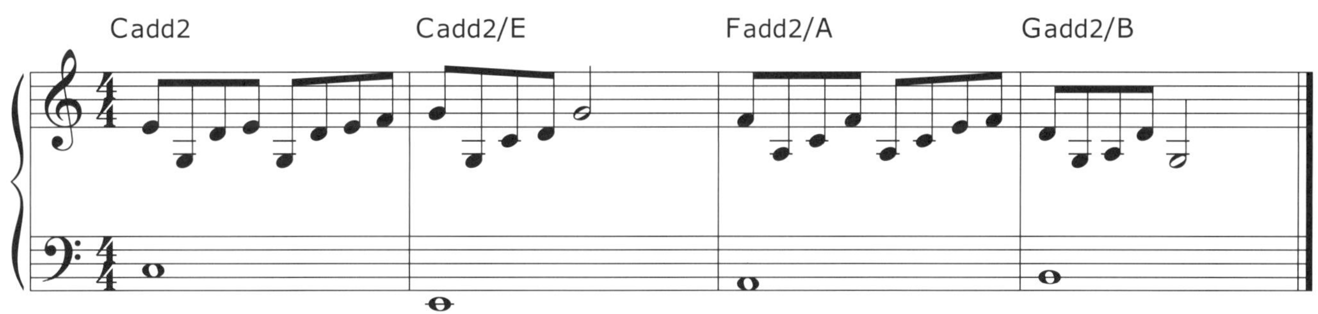

아르페지오에서도 하나의 선율이 만들어집니다. 각 음이 어떻게 이어지는지, 선율의 흐름을 생각하며 음을 배치해 보세요. 어떤 음을 반드시 사용해야 한다고 정해 두기보다, 마음에 드는 음들을 자유롭게 놓아 보면서 자연스러운 흐름을 만들어 보는 것부터 시작해 보시기 바랍니다.

9. 탑노트를 활용한 리듬 패턴 만들기

이번에는 같은 코드 진행으로 멜로디를 연주하지 않고 탑 노트만 유지한 채 리듬 패턴을 하나 만들어봤습니다.

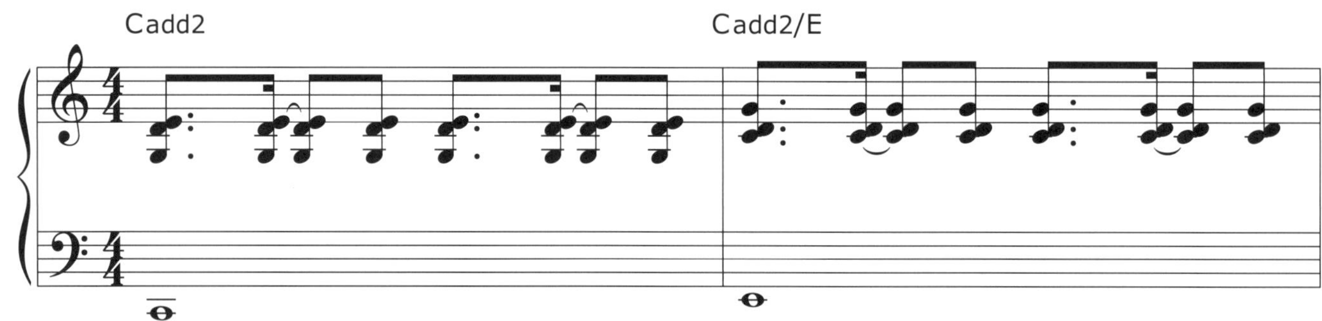

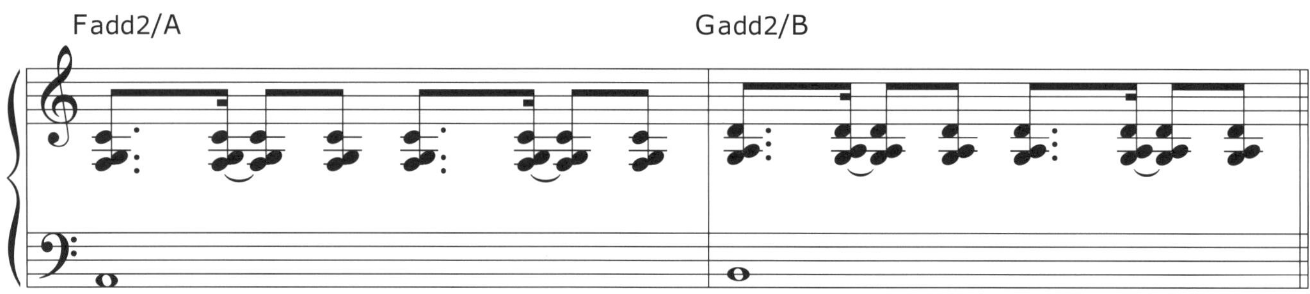

연주가 자연스럽게 느껴질 때까지 계속 반복해서 연주하며 익숙해져 보세요.

꼭 이 코드가 아니어도 괜찮습니다. 이렇게 만들어진 리듬 패턴은 베이스나 다른 파트에도 충분히 응용할 수 있습니다. 머리로 이해하는 것도 좋지만 직접 많이 연주해보는 것이 훨씬 빠른 길입니다.

서스테인 페달을 활용해 사운드가 자연스럽게 이어지도록 연주해보세요.

10. 리듬 패턴에 멜로디 Riff 더하기

이번에는 같은 리듬 패턴을 유지한 채 음을 분배해 멜로디 Riff 처럼 만들어 보았습니다. 이렇게 리듬패턴과 멜로디를 함께 섞어 연주하면 또 다른 재미있는 요소들이 생깁니다.

꼭 많은 음을 추가하지 않아도 괜찮습니다. 한두 개의 음만 더해보는 것부터 시작해보세요.

오늘은 다이아토닉 3화음(Diatonic Triads)에서 고르는 것부터 시작해서 전위와 보이싱, 리듬과 멜로디 Riff까지 하나의 코드진행을 차근차근 발전시켜봤습니다.

여기까지 잘 따라오셨나요? 만약 어렵게 느껴지신다면 먼저 다이아토닉에서 코드 고르기만 연습해보세요.

그것도 빠르게 느껴지신다면 3화음 기본자리(Root Position)를 12 Key로 먼저 익히는 것부터 시작해도 충분합니다. 여러분만의 속도로 천천히 즐기면서 연습해보세요.

이번 미션은 여러분이 만든 코드 진행을 바탕으로 **멜로디를 만들어보는 연습**입니다. 멜로디는 개인마다 나오는 표현이 너무 다르고 정답이 없는 영역이라 처음 시작이 어려우신 분들은 가볍게 경험해보는 느낌으로 접근해보세요. (Chapter 02 에서 만든 다이아토닉 진행을 기반으로 멜로디를 만들어보시면 더욱 좋습니다.) 아래 예시는 여러분이 만든 진행과 다를 수 있으니, 간단한 코드 진행과 멜로디 예시를 참고해 보세요.

코드진행 예시

이번에는 제가 직접 피아노를 치며 멜로디를 간단하게 만들어봤는데요. 센스있는 분들은 얼핏 모양으로 봐도 패턴이 조금 보이시나요?

멜로디 추가 예시

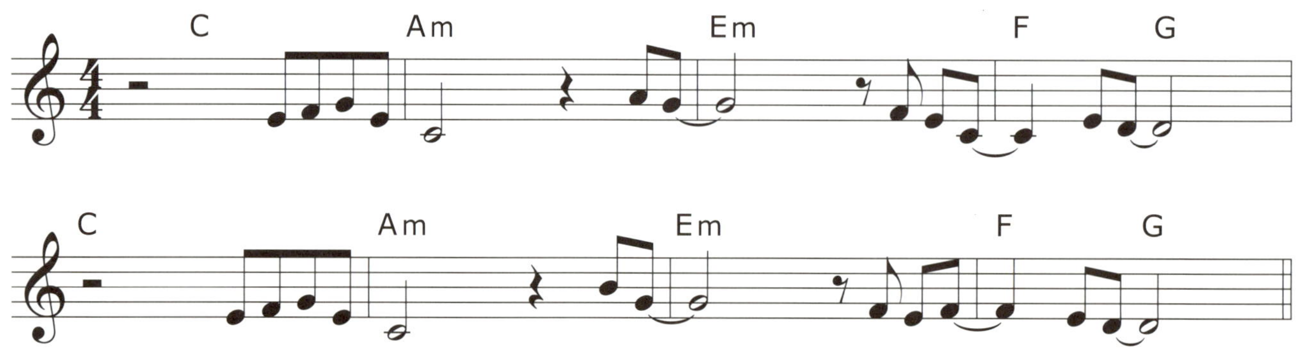

저도 평소에는 흥얼거리면서 곡을 시작하는 편이지만 이번 연습에서는 **패턴의 일관성**을 유지하는 데 집중해 보았습니다. 직접 악보로 확인하며 작업해 보니 멜로디의 흐름이 훨씬 선명하게 보였습니다.

우리가 알고 있는 많은 명곡들도 이렇게 패턴이 비교적 명확하게 구성된 경우가 많습니다. 패턴이 너무 많아지면 어떤 부분이 핵심인지 파악하기 어려워지기 때문에 이렇게 시각적으로 정리해 보면 작곡에서 테마 멜로디의 흐름을 이해하는 데 도움이 됩니다.

멜로디 패턴 분석 예시

간단하게 제가 만든 멜로디를 이렇게 그룹화해 보았습니다. 전체 흐름을 유지하면서 몇 개의 음만 바꾸어 변화를 만드는 연습입니다.

여러분이 만든 멜로디도 같은 방식으로 분석해 보세요. 최소 8마디 정도로 만들어 보면 좋습니다. 그리고 여러분이 좋아하는 곡도 같은 방법으로 분석해 보세요. 내가 만든 멜로디 패턴과 어떤 점이 다른지, 또 어떻게 전개되는지 비교해 보세요.

Chapter

04 코드와 멜로디 라인을 이용해서 Riff 연주해보기

멜로디 Riff는 곡 전체를 이끄는 작은 '**테마(Theme)**'가 될 수 있어요. 한두 마디짜리 짧은 멜로디라도 반복되면 강한 인상을 남기죠. 대표적인 예로 Ed Sheeran의 〈Shape of You〉를 떠올려볼 수 있습니다. 짧지만 기억에 남는 Riff 하나로 곡의 테마를 완성한 곡이죠. 이번에는 이 곡의 테마 Riff 를 직접 연주해보겠습니다.

설명 & 연주 영상

Shape of You

Ed Sheeran

1. 먼저 원곡의 코드진행을 연주해볼까요?

C#m - F#m - A - B

2. 아래의 멜로디 라인을 연습해보세요.

쉼표와 스타카토까지 지켜서 연주해주시면 곡의 맛이 훨씬 살아날거에요. QR 을 참고해서 연주해보세요.

3. 이제 코드와 함께 양손 연주해보세요.

처음엔 메트로놈 없이 천천히 연주해보시고, 그 다음에 익숙해지면 메트로놈을 켜고 느린 템포부터 연습해
보세요.

눈(Prod. by 기리보이)

Lil tachi, HOTCHKISS

이번에는 국내 힙합곡을 한 곡 가져왔어요. 이 곡도 듣자마자 바로 멜로디 Riff 가 기억나는 곡 중 하나인데
요. 마찬가지로 C - E - Am - F 진행을 먼저 손에 익히신 뒤 아래 악보를 따라 연주해보세요.

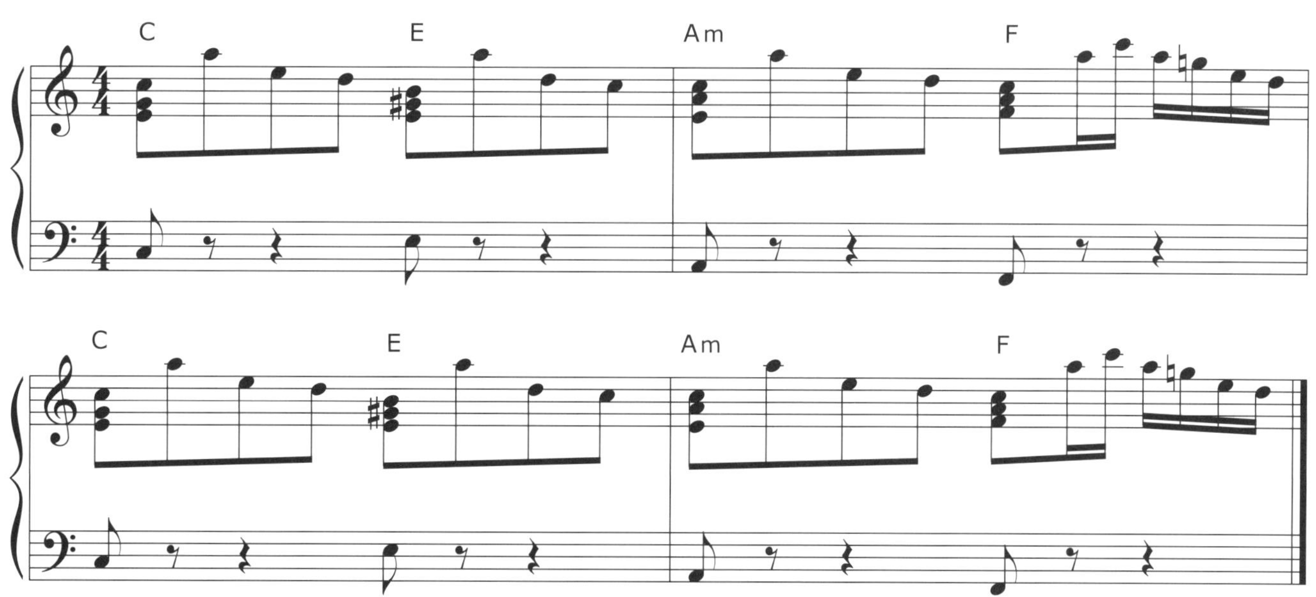

지금까지 배운 내용을 바탕으로 하나의 코드 진행을 처음부터 끝까지 만들어보세요.

1. Key와 코드 선택

- 먼저 Key를 하나 정한 뒤 다이아토닉 코드를 골라 간단한 코드 진행을 만들어 봅니다.
- 4마디 또는 8마디 기준으로 진행을 만든 후 처음에는 한 마디에 코드 하나씩 배치해 보세요.

2. 전위와 보이싱 적용

- 전위나 보이싱을 적용해 코드 진행을 다듬어 보세요.
- 직관적으로 좋다고 느껴지는 요소들을 하나씩 찾아 보며 실험해 보세요.

3. 리듬 패턴 적용

- 보이싱을 정리한 뒤 간단한 리듬 패턴을 만들어 반복해 보세요.
- 여유가 된다면 오른손과 왼손의 리듬 패턴을 다르게 가져가 보는 것도 좋습니다.

4. 양손 연주

- 멜로디와 보이싱, 리듬을 정리한 뒤 **양손 연주**로 연결해봅니다.
- 손가락 번호도 직접 정해 보고 뉘앙스와 강약 같은 음악적 표현을 어떻게 가져갈지 고민해 보세요.

* 보컬 곡을 만들고 싶다면

- 4 Beat 정도의 단순한 코드 보이싱으로 시작한 뒤 그 진행을 반복해서 연주해보세요.
- 보컬 멜로디에 어울리는 반주는 노래를 부르며 연주했을 때 귀에 거슬리는 음이 없어야 합니다. 직접 녹
  음해 보며 확인해 보는 것도 좋은 연습입니다.
- 노래에 집중하려면 코드 연주는 의식하지 않아도 자연스럽게 손에서 나올 수 있어야 합니다.
- 익숙해지면 리듬 패턴을 하나씩 추가하며 발전시켜 보세요.

부록
(Appendix)

목표: 배운 내용을 꾸준히 유지하고, 나만의 연습 루틴을 만드는 것

1. 추천 연습법(Practice Guide)

데일리 루틴, 나만의 코드북 만들어보기, 자주 묻는 질문

2. 실전 적용을 위한 연습용 악보 모음

1) 12 Key Scale 연습

2) 12 Key Triad 연습

3) 12 Key 3화음 자리바꿈 연습

4) add2, sus2, add9 보이싱 연습

5) 12 Key Diatonic Chord 연습

1. 추천 연습법(Appendix – Practice Guide)

목표: 배운 내용을 꾸준히 유지하고 나만의 연습 루틴을 만드는 것

이제 기초와 실전, 표현과 작곡까지 모두 익혔다면 가장 중요한 건 "꾸준히 연습하는 습관" 입니다. 매일 피아노 앞에 앉는 그 짧은 시간이 여러분의 감각을 유지시키고 새로운 아이디어로 이어집니다.

데일리 루틴

하루 10분이라도 꾸준히 손이 피아노 위에 머무는 시간을 만들어보세요.

(1) 3화음 연습

하루에 한 Key 씩 5개의 (Major, minor, sus4, aug, dim) 코드를 연습해보세요.

(2) 스케일 연습

손가락 번호에 맞춰 Major Scale 부터 연습해보세요. 부록을 참고해 12 Key로 연습해보세요.

(3) 전위 연습

3화음의 베이스 음을 바꾸어 전위 형태로 연습해보세요.

(4) 보이싱 연습

시중에 나와 있는 3단악보를 그대로 따라 연주해 보는 것도 좋은 연습입니다. 처음에는 코드만 보고 직접 연주해 본 뒤 내 반주와 원곡의 악보가 어떤 점이 다른지 비교하며 분석해 보세요. 특히 마음에 드는 보이싱이 있다면 12 Key로 연습해 두고 add2, sus2, add9이나 왼손 1-5음 같은 기본 보이싱도 함께 익혀 보세요.

(5) 리듬 패턴 연습

BPM을 정한 뒤 4 Beat, 8 Beat, 16 Beat, Triplet 같은 기본 리듬과 아르페지오 주법을 차례대로 연습해보세요. 이후 코드 보이싱과 조합해 달라 지는 사운드를 경험해 보세요.

(6) Diatonic 으로 코드 만들기

C Key 부터 시작해서 하루에 코드 4개로 코드진행을 하나씩 만들어보세요. 괜찮은 진행은 여러분만의 코드북에 적어둔 뒤 기억해두세요. 시퀀서에 바로 녹음해두셔도 좋습니다.

나만의 코드북 만들어보기

연습하거나 직접 만든 코드 진행을 시각적으로 정리해두면 곡을 시작할 때 훨씬 덜 막막해집니다. 처음에는 적은 개수라도 쌓이다 보면 생각보다 큰 자산이 됩니다.

(1) Key 별로 Diatonic Chord 찾아서 하루에 코드 4개씩 이어붙이기

익숙해지면 다른 Key의 Diatonic 코드도 함께 활용해 보세요.

(2) 좋아하는 코드 진행을 노트에 기록

보이싱까지 만들고 악보로 기록해두시면 더욱 좋겠죠?

(3) 내가 기억할 수 있는 키워드 붙이기

예 C – Am – F – G → 가장 무난하고 대중적인 진행

Dm – G – Em – A → R&B, Hiphop 장르에서 Loop 만들기 좋은 진행

C – G/B – F/A – Em/G → OST 에서 들어본 여운이 느껴지는 진행

* 음악에서 피아노 코드 파트를 들을 때의 체크 포인트는 뭘까요?

음악을 들을 때는 코드 이름만 확인하는 것보다 **코드가 어떤 방식으로 연주되고 있는지**를 함께 듣는 것이 훨씬 중요합니다. 아래의 요소들을 의식하며 들어보면 코드의 질감과 구조가 보다 선명하게 느껴질 거예요.

(1) 보이싱(Voicing)의 배치

– 음들이 넓게 펼쳐져 있는지(Open Voicing) 혹은 가까이 모여 있는지(Closed Voicing)

– 루트가 생략되었는지, 그 생략된 음은 베이스에서 어떻게 연주하는지

→ 편곡에서의 악기들의 상호관계를 듣는 연습이 필요합니다. 바로 코드 보이싱이 들리지 않아도 악기 파트별로 집중해서 곡을 끝까지 들어보세요.

(2) 왼손·오른손의 역할 분리

– 왼손이 베이스 음만을 연주하는지, 어떤 리듬으로 어떤 음들의 움직임을 하고 있는지

– 오른손의 탑 노트, 그 아래로 분배된 음들의 배치는 어떤 사운드를 만들어주는지

→ 양손의 분배를 들으면 실제 반주 구조가 보입니다.

(3) 리듬 패턴과 그루브

- 어떤 리듬 패턴을 사용하는지, 악기끼리의 리듬 패턴은 어떻게 상호작용 하는지 들어보세요.

- 코드를 짧게 끊어서 치는지, 이어서 유지하는지 혹은 둘을 어떻게 섞는지 확인하며 들어보세요.

- 당김음이 사용되는지, 강박과 약박에 코드의 음들을 어떻게 배치했는지 분석해보세요.

→ 같은 코드라도 리듬에 따라 완전히 다른 패턴과 사운드를 만들 수 있어요.

(4) 다이내믹과 터치

- 강약 변화, 음의 길이, 터치, 페달 사용 여부

→ 감정 표현의 핵심 요소입니다.

(5) 톤 컬러(Tone Color)

- 피아노인지, 일렉피아노인지, 신스 중에서도 어떤 계열인지 음색을 들어보기

- 사운드 디자인 요소에 따라 어떤 질감이 더해지고, 그로 인해 코드 진행이 어떻게 들리는지도 함께 느껴보세요.

→ 같은 코드라도 악기와 톤에 따라 사운드가 다르게 느껴집니다.

- 음역대별로 어떤 악기들이 코드와 멜로디를 구성하고 있는지 파악해보세요.

이 다섯 가지를 함께 듣는 연습은 단순히 코드를 '이해하는 것'을 넘어서, **음악 속 코드가 주는 분위기와 감정까지 파악할 수 있는 귀를 길러줍니다.**

마지막으로 여러분께 받았던 질문들을 공유하며 이번 교재를 마무리하려고 합니다.

Q: 카피할 때 코드가 잘 안들리는데 어떻게 듣는게 좋을까요?

1) 탑 노트와 베이스 듣기

먼저 가장 위에 들리는 음과 베이스를 구분해 들어봅니다. 이 두 축만 잡아도 코드의 방향과 흐름이 훨씬 또렷해집니다.

2) 코드의 색깔 듣기

이번 교재에서는 3화음을 중심으로 다뤘지만 실제 음악에서 코드의 색깔은 그보다 더 다양하게 나타납니다. 베이스를 기준으로 이 코드가 Major, minor, sus4, aug, dim 중 어떤 성격인지를 유추해보고, 7th 코드라면 어떤 텐션 음이 포함되어 있는지도 함께 들어보세요. 분수 코드일 가능성도 항상 염두에 두는 것이 좋습니다.

곡 분석도 물론 도움이 되지만 이런 소리들은 결국 코드 진행을 많이 연주해본 사람일수록 더 자연스럽게 들리기 시작합니다.

Q: 아주 기초 단계부터 시작해서, 실력이 올라가면서 단계적으로 공부하고 연습해야 할 것들을 정리해주실 수 있을까요?

사람마다 현재 실력과 연습량, 그리고 실력이 느는 타이밍은 모두 다릅니다.

그래서 정답처럼 맞아떨어지는 순서는 없지만 **이번 교재 커리큘럼 기준 보편적인 기준으로 추천할 수 있는 단계**는 있습니다.

1. 3화음 기본 자리 및 Major Scale 12 Key 연습
2. 3화음 전위 연습
3. 3화음 오른손 자리바꿈 보이싱 (2강을 참고해보세요) 연습 - 부록에 연습 자료가 수록되어 있습니다.
4. add2, sus2 등 색감을 더해주는 보이싱 연습
5. 리듬 패턴 숙지 및 적용 연습 (4 Beat, 8 Beat, 16 Beat, Triplet, 아르페지오 등)

연습에 대해 꼭 드리고 싶은 이야기

위에 정리한 연습들은 형식적이고 기초적인 연습에 가깝습니다. 앞으로도 진도에 따라 더 다양한 연습법들을 계속 소개할 예정이에요. 다만 연습에서 가장 중요한 것은 양보다 꾸준함, 그리고 퀄리티입니다.

3화음 기본 자리 12 Key 연습만 하더라도 당황하지 않고 바로 나올 때까지 연습해보세요. 손에 조금 익었다면 메트로놈을 활용해 연습한 뒤 직접 녹음해보는 것도 아주 좋은 방법입니다. 그리고 좋아하는 곡을 처음부터 끝까지 한 번 꼭 연주해보세요. 이미 발매된 훌륭한 곡들에는 기본기뿐만 아니라 음악적인 감각을 기를 수 있는 요소들이 자연스럽게 담겨 있습니다.

입력(Input)을 많이 쌓는 것만큼 빠르고 확실한 연습은 없다고 생각합니다. 제가 알려드린 모든 것을 한번에 완벽하게 해내지 않아도 괜찮습니다. 특히 기본기 연습은 단 하나라도 끝까지 해보는 경험만 있어도 피아노 앞에서 느껴지는 여러분의 자유도는 분명히 달라질 거라고 확신합니다.

Q: 코드는 알겠는데 막상 노래에 적용하려면 기본 비트로만 치게 되고..예쁘게 치는 방법을 모르겠어요.

만약 지금 연주하고 있는 기본 비트가 4 Beat라면 이미 굉장히 잘하고 계신 겁니다.

건반을 치면서 노래를 할 때 무엇보다 중요한 것은 보컬 멜로디입니다. 피아노는 보컬을 방해하지 않으면서 지루하지 않게 서포트만 해줘도 이미 충분히 제 역할을 하고 있는 상태예요. 연주가 조금 단조롭게 느껴진다면 먼저 **4 Beat 안에서의 터치와 강약 조절 및 보이싱 디테일**부터 신경 써보세요.

리듬을 바꾸지 않아도, 소리의 밀도와 흐름은 충분히 달라질 수 있습니다.

그 다음 단계로는 왼손에서 누르고 있는 **근음에 간단한 리듬 패턴을 추가**해보세요. 같은 음을 반복해도 괜찮습니다. 일단 패턴부터 정해보세요. 그 다음 여유가 생기면 오른손 리듬 패턴도 추가해보세요.

여기에 더해 보컬과 부딪히지 않으면서 피아노가 어떤 멜로디를 선택할지까지 생각하다 보면 전체적인 사운드에 균형이 생기고 좋게 들리기 시작할 거예요.

- 코드 구성음을 올바르게 연주했는지

- 리듬을 최적의 타이밍에 정확하게 연주하고 있는지

- 베이스가 위로만 올라가거나 아래로만 내려가지 않는지, 자연스럽게 오르내리고 있는지를 한 번 들어보세요.

이 외에도 알고 계신 기초적인 요소부터 하나씩 점검해보세요. **코드 진행을 점검할 자신만의 사운드 체크리스트**를 만들어 보시면 더욱 좋습니다.

연주를 녹음해 귀로 들어보고, 조금씩 수정해 나가다 보면 어느 순간 한두 마디만 연주해도 사운드가 훨씬 좋아졌다는 느낌을 받게 될 거예요.

Q: 멜로디로 곡의 Key를 찾는 방법이 있을까요?

멜로디로 곡의 Key를 찾는 가장 쉬운 방법은 곡을 들으며 **스케일을 직접 연주해보는 것**입니다.

먼저 멜로디를 몇 번 반복해서 들어본 뒤 비슷하다고 생각되는 Key의 Scale을 위 아래로 연주해보세요. 그 스케일 안에서 멜로디 음들이 크게 어색하지 않고 자연스럽게 어울린다면 그 Key일 가능성이 높습니다.

특히 다음 포인트를 함께 확인해보세요.

- 멜로디가 **자주 머무르거나 끝나는 음**이 무엇인지

- 그 노래에서 특정 Key의 스케일을 연주했을 때 **안정적으로 느껴지는지**

- 스케일을 연주할 때 특정 음만 유독 어색하게 들리는지도 체크해보세요.

처음에는 플랫이나 샵 한두 개에서 헷갈리는 경우도 많습니다. 이럴 때는 완벽하게 맞추려 하기보다 다음 곡으로 넘어가서 또 해보세요.

Key를 찾는 능력은 이론 계산보다 **귀와 손의 경험**에서 더 빨리 자랍니다. 멜로디를 들으며 스케일을 자주 눌러보는 연습을 반복하다 보면 점점 더 빠르게 Key를 짐작할 수 있게 될 거예요.

이 연습은 최대한 많은 곡을 해보는 게 유리합니다.

정답을 확인해가면서 부족하게 느껴지는 스케일은 함께 보완해나가며 연습해보세요.

이제 모든 챕터를 완성했습니다.
끝까지 완주하신 여러분께

여기까지 차근차근 따라와 주신 여러분, 정말 고생 많으셨습니다.

3화음으로 시작해 전위, 분수코드, 보이싱, 양손 연주, 리듬, 그리고 나만의 코드진행을 만들기까지

하나하나 쌓아온 과정이 이제 여러분의 손끝에 남아 있을 거예요.

다음 단계에서는 7th 코드와 그 활용법을 통해 더 풍부하고 색감 있는 화성의 세계로 함께 나아갈 예정이에요.

이번 교재에서 배운 내용들을 하루 10분이라도 꾸준히 연습한다면

피아노는 어느새 여러분의 감정을 가장 솔직하게 표현해주는 친구가 되어 있을 거예요.

실력이 느는 것도 좋지만 과정을 즐겨보시면 더욱 좋을 것 같아요.

다음 책에서 또 만나요!

2. 실전 적용을 위한 연습용 악보 모음

1) 12 Key Major Scale 연습

C Major Scale

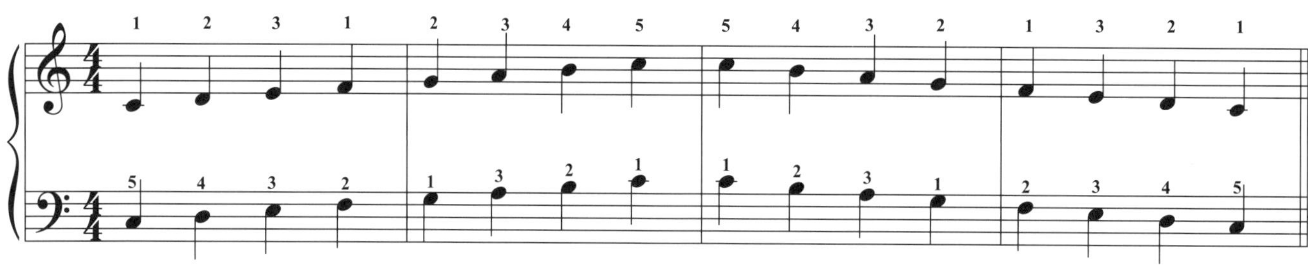

F Major Scale

Bb Major Scale

Eb Major Scale

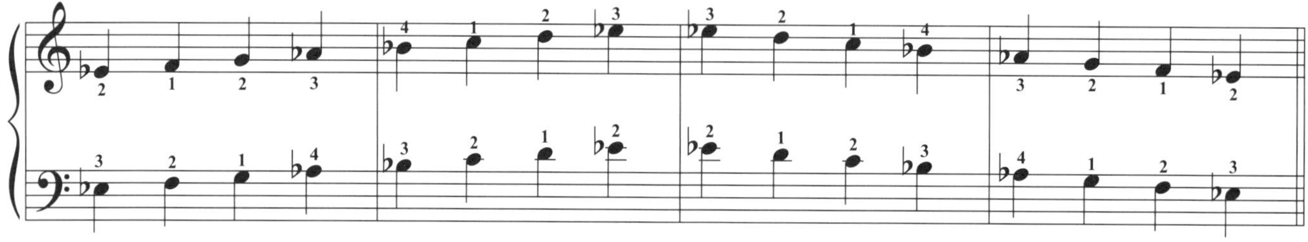

Ab Major Scale

Db Major Scale

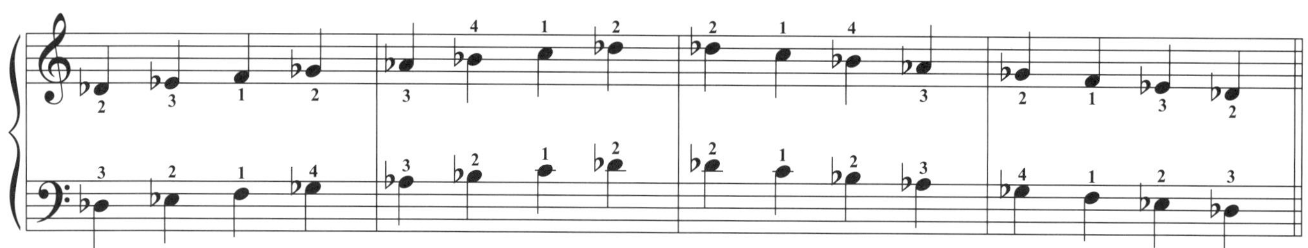

Gb Major Scale

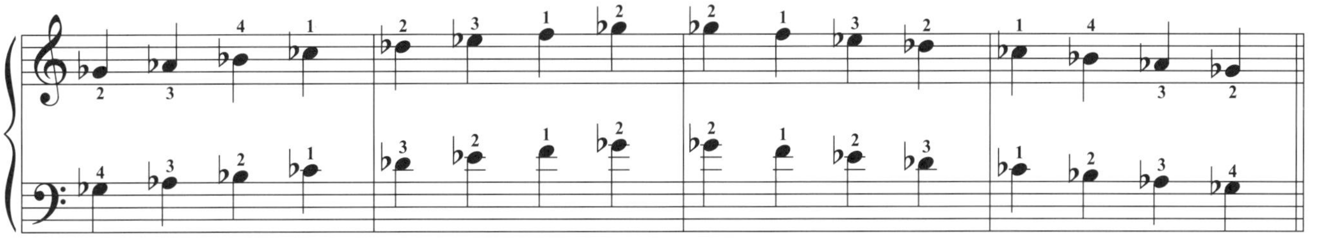

B Major Scale

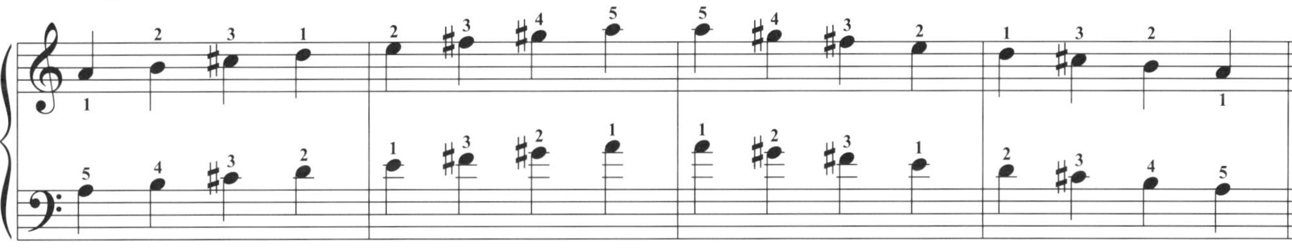

E Major Scale

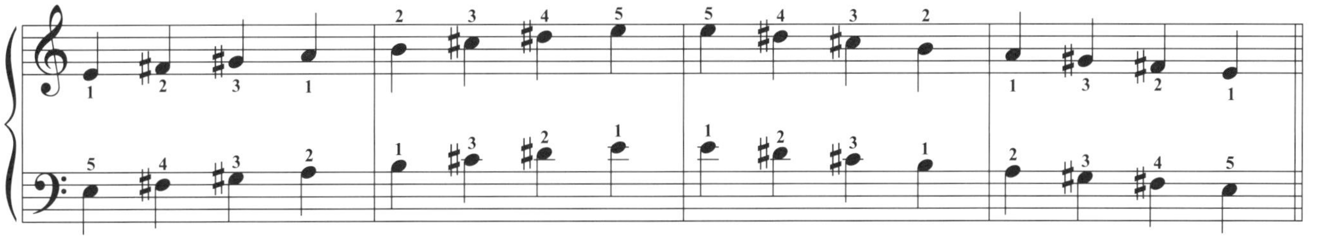

A Major Scale

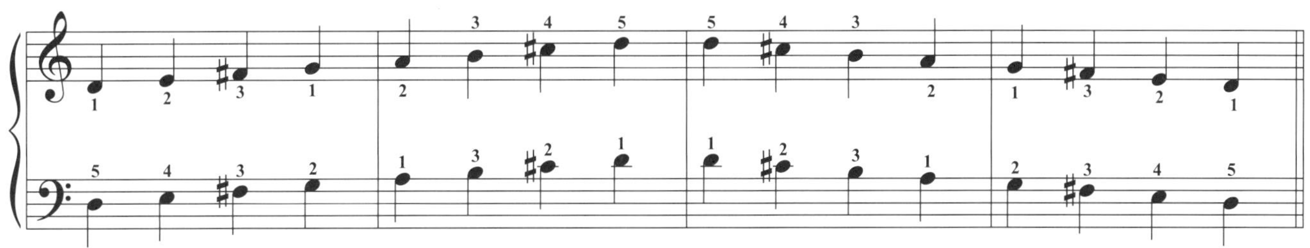

D Major Scale

G Major Scale

2) 12 Key Triad 연습

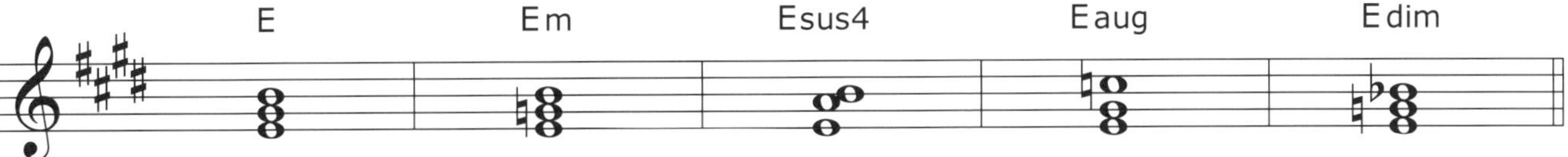

E
Em
Esus4
Eaug
Edim

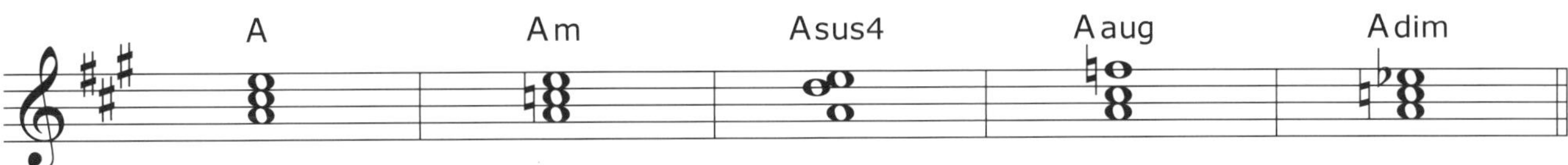

A
Am
Asus4
Aaug
Adim

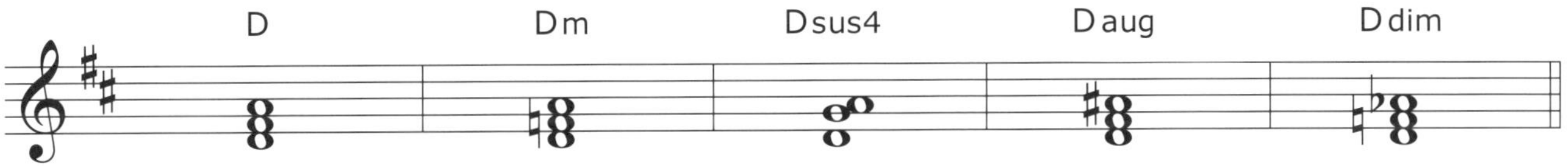

D
Dm
Dsus4
Daug
Ddim

G
Gm
Gsus4
Gaug
Gdim

3) 12 Key 3화음 자리바꿈 연습

E♭
E♭m
E♭sus4
E♭aug
E♭dim
A♭
A♭m
A♭sus4
A♭aug
A♭dim
D♭
D♭m
D♭sus4
D♭aug
D♭dim

Gb
Gbm
Gbsus4
Gbaug
Gbdim
B
Bm
Bsus4
Baug
Bdim
E
Em
Esus4
Eaug
Edim

4) add2, sus2, add9 12 Key 보이싱 연습

add2

sus2

add9

Cadd9
Fadd9
B♭add9
E♭add9
A♭add9
D♭add9
G♭add9
Badd9
Eadd9
Aadd9
Dadd9
Gadd9

5) 12 Key Diatonic Chord 연습

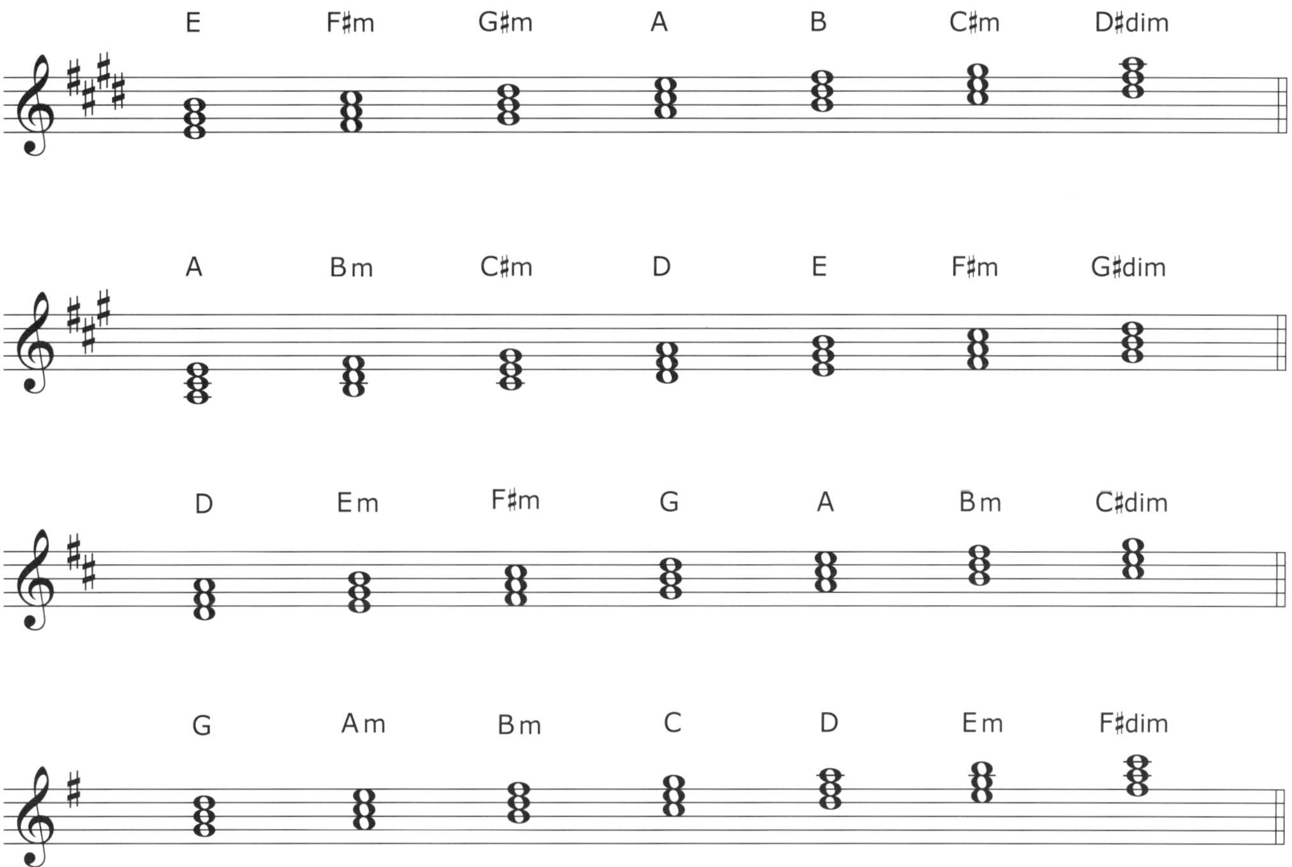

E
F#m
G#m
A
B
C#m
D#dim
A
Bm
C#m
D
E
F#m
G#dim
D
Em
F#m
G
A
Bm
C#dim
G
Am
Bm
C
D
Em
F#dim

＊교재에 사용 된 곡

1. 입춘 – 한로로
작사: 한로로
작곡: 한로로

2. I AM – IVE
작사: 김이나
작곡: Ryan S. Jhun, Kristin Marie, Audun Agnar Guldbrandsen, Eline Noelia Myreng

3. Soda Pop – KPop Demon Hunters Cast, Andrew Choi, Neckwav, Saja Boys, Kevin Woo, samUIL Lee
작사: Vince, KUSH, Danny Chung
작곡: 24, Dominsuk, Vince, KUSH

4. annie. – wave to earth
작사: 차순종
작곡: 차순종, 김다니엘

5. 너의 의미 – 아이유
작사: 김한영
작곡: 김창완

6. Good Goodbye – 화사 (HWASA)
작사: 화사 (HWASA), 안신애
작곡: 박우상 (LOGOS), 화사 (HWASA)

7. 공드리 – 혁오
작사: 오혁
작곡: 오혁

8. LOVE DIVE – IVE
작사: 서지음
작곡: Sophia Brennan, Elle Campbell, Nick Hahn

9. Drowning – WOODZ
작사: WOODZ
작곡: WOODZ, 네이슨 (NATHAN), HoHo

10. BLUE – BIGBANG
작사: TEDDY, G-DRAGON, T.O.P
작곡: TEDDY, G-DRAGON

11. 삐딱하게 – G-DRAGON
작사: TEDDY, G-DRAGON
작곡: TEDDY, G-DRAGON

12. APT. – 로제 (ROSÉ), Bruno Mars
작사: 로제 (ROSÉ), Amy Allen, Christopher Brody Brown, Rogét Chahayed, Omer Fedi, Philip Lawrence, Bruno Mars, Theron Thomas, Henry Walter, Michael Chapman, Nicholas Chinn
작곡: 로제 (ROSÉ), Amy Allen, Christopher Brody Brown, Rogét Chahayed, Omer Fedi, Philip Lawrence, Bruno Mars, Theron Thomas, Henry Walter, Michael Chapman, Nicholas Chinn

13. That's Hilarious – Charlie Puth
작사: Charlie Puth, Jacob Kasher Hindlin (JKash)
작곡: Charlie Puth, Jacob Kasher Hindlin (JKash)

14. 주저하는 연인들을 위해 – 잔나비
작사: 잔나비 최정훈
작곡: 잔나비 최정훈, 잔나비 김도형, 유영현

15. TOMBOY – 혁오
작사: 오혁
작곡: 오혁, 카더가든

16. 한 페이지가 될 수 있게 – DAY6
작사: Young K (DAY6)
작곡: Jae, 성진 (DAY6), Young K (DAY6), 원필 (DAY6), 홍지상

17. O – Coldplay
작사: Coldplay
작곡: Coldplay

18. Dance The Night Away – TWICE(트와이스)
작사: 휘성 (Realslow)
작곡: Anne Judith Stokke Wik, Jonatan Gusmark, Ludvig Evers, Moa Anna Carlebecker Forsell, 오승은, Andreas Baertels

19. Billie Jean – Michael Jackson
작사: Michael Jackson
작곡: Michael Jackson

20. Sparkle – movie ver. – RADWIMPS
작사: Yojiro Noda
작곡: Yojiro Noda

21. Shape of You – Ed Sheeran
작사: Ed Sheeran
작곡: Ed Sheeran

22. 눈 (Prod. 기리보이)
작사: Lil Tachi, 호치키스(HOTCHKISS)
작곡: 기리보이

코드로 시작하는 나의 첫 작곡

칠더월드의
코드진행
만들고
연주하기

초판 발행일 2026년 4월 6일

편저 김성익(Chill The World)
발행인 차영은
편집 김희진
디자인 이재란

발행처 (주)차차프렌즈
출판등록 제 2021-000058호
주소 서울특별시 강서구 마곡중앙로 105-7, Tower 1, 337
전화 010-2600-7149   **팩스** 0504-389-7149

ISBN 979-11-994912-1-2(03670)